老虎市政图集——路缘石

李志良　主编

中国建筑工业出版社

图书在版编目（CIP）数据

老虎市政图集——路缘石/李志良主编．—北京：中国建筑工业出版社，2008
ISBN 978-7-112-10018-7

Ⅰ. 老… Ⅱ. 李… Ⅲ. 市政图集—路缘石 Ⅳ. U417.4-64

中国版本图书馆 CIP 数据核字（2008）第 045741 号

本册图集详细介绍了路缘石的材料类别、规格尺寸、工艺要求和质量标准，具有很强的实用性和可操作性。可供从事市政道路、公路工程的设计和施工人员使用，也是其他建筑专业人员了解和学习道路知识的参考资料。

* * *

责任编辑：姚荣华 王 磊
责任设计：董建平
责任校对：兰曼利 关健

老虎市政图集——路缘石
李志良 主编

*

中国建筑工业出版社出版、发行（北京西郊百万庄）
各地新华书店、建筑书店经销
北京红光制版公司制版
北京同文印刷有限责任公司印刷

*

开本：787×1092 毫米 横 1/16 印张：2¾ 字数：65 千字
2008 年 7 月第一版 2008 年 7 月第一次印刷
印数：1—3000 册 定价：9.00 元
ISBN 978-7-112-10018-7
（16821）

前　　言

改革开放，加速了我国城市化进程，提高了城市化水平，推进了国家的现代化。特别是我国在城市基础设施方面进行了大规模的投入，城市建设取得令世人瞩目的成就，城市道路面积持续以10%的速度高速增长。

为了丰富市政结构工程，给广大市政工程技术人员提供更多更好的施工详图和推动我国建筑标准化设计工作，老虎空间论坛组织编写了《老虎市政》系列图集，将陆续出版《人行道》、《路缘石》、《无障碍设计》、《附属工程》等。本套图集以实用为主，收集市政工程中常用的材料、多用的构件、通用的作法，供市政设计和施工人员及构件生产厂家参考选用。

图集的编号规则：

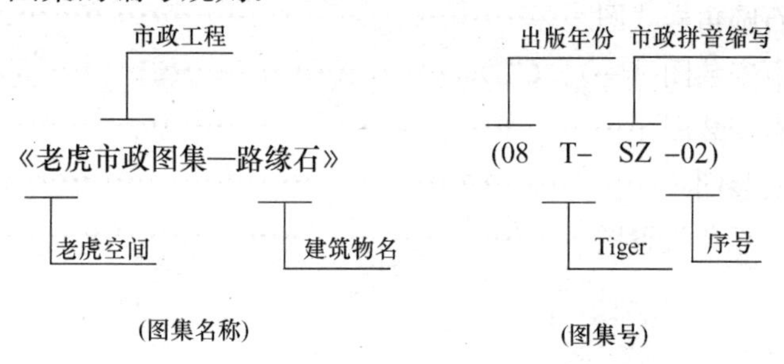

由于市政道路既是交通的网络、管线的载体，也是景观的轴线；其工程建设涉及到城市规划、给水排水、电力路灯、通信有线、燃气供热、抗震防灾、环境卫生和园林绿化等专业，线长面广，缺点和错误在所难免，欢迎大家批评指正。同时邀请相关专业的同行来老虎空间（http：//www.tigerspace.net/bbs/）交流，共同为我国的城市的发展和建设出谋划策、添砖加瓦。

本图集编写过程中，得到中国建筑工业出版社的大力支持，长沙悍马建筑工程设计有限公司彭琳湘协助编写，在此一并致谢。

《老虎市政图集》编辑委员会

主　任：李志良　长沙经济技术开发区管委会

副主任：杨俊炜　上海凯腾幕墙设计咨询公司

本册主编：李志良　电子邮箱 shizheng110@126.com

目　录

总说明 …… 1
路缘石布置示意图 …… 4
H 型路缘石 …… 5
T 型路缘石 …… 6
R 型路缘石 …… 7
F 型路缘石 …… 8
RA 型路缘石常用规格 …… 9
RA 型路缘石定型图 …… 10
RA 型路缘石参数表 …… 11
P 型平面石 …… 12
Ⅰ型曲线立缘石（R=0.5～30.0m） …… 13
Ⅰ型曲线平面石（R=0.5～30.0m） …… 14
Ⅰ型曲线立缘石、平面石放样表 …… 15
Ⅰ型曲线立缘石、平面石（L=500） …… 16
Ⅱ型曲线立缘石（R=0.5～30.0m） …… 17
Ⅱ型曲线平面石（R=0.5～30.0m） …… 18
Ⅱ型曲线立缘石、平面石放样表 …… 19
Ⅱ型曲线立缘石、平面石（L=500） …… 20
Ⅲ型曲线立缘石（R=6.0～50.0m） …… 21
Ⅲ型曲线平面石（R=6.0～50.0m） …… 22
Ⅲ型曲线立缘石、平面石放样表 …… 23
Ⅲ型曲线立缘石、平面石（L=500） …… 24
Ⅳ型曲线立缘石 …… 25
Ⅳ型曲线平面石 …… 26
Ⅳ型曲线立缘石（L=500） …… 27
Ⅳ型曲线平面石（L=500） …… 28
现浇钢筋混凝土花坛石（一）～（四） …… 29～32
现浇钢筋混凝土花坛石构造图 …… 33
路缘石圆角样式图 …… 34
路缘石安装图（一）、（二） …… 35～36
花坛石安装图 …… 37
界石安装图 …… 38
立缘石靠背设置图 …… 39

总 说 明

1. 编制目的

为了总结各地常用的工程做法，老虎空间论坛推出《老虎市政》系列图集，供广大工程技术人员设计和施工时参考使用。

2. 设计依据

（1）《城市道路设计规范》(CJJ 37—90)；

（2）《混凝土路缘石》(JC 899—2002)；

（3）《城市道路—路缘石》(05MR404)；

（4）《道路—人行道与简易构筑物》(93J007—6)；

（5）《港口道路、堆场铺面设计与施工规范》(JTJ 296—96)；

（6）《道路工程制图标准》(GB 50162—92)。

3. 适用范围

本册图集适用于城镇道路的主、次干道、支路及厂矿和小区道路的路缘石选用及施工，公路工程可参照本图集使用。

4. 路缘石分类

路缘石是路面边缘与其他构造物分界处的标石，不仅具有拦截汇集路面雨水和美化路容的功能，同时对路面边缘起到良好的保护作用。

路缘石（又称道牙）包括立缘石（又称侧石、立道牙）和平面石（又称平面石、缘石、平道牙），以及分道的花坛石（带状）和道路外侧的界石（锁边石）等；根据安装样式分为立式、平式和斜式。

（1）路缘石按材质分类为天然石材路缘石（以下简称“石材路缘石”）和水泥混凝土路缘石（以下简称“混凝土路缘石”）。混凝土路缘石按施工工艺分为现浇混凝土路缘石（简称“现浇路缘石”）和预制混凝土路缘石；预制混凝土路缘石按制作工艺分为普通混凝土路缘石（简称“普通路缘石”）和机压混凝土路缘石（简称“机压路缘石”）；机压混凝土路缘按面料颜色分为本色路缘石和彩色路缘石。

（2）参照《混凝土路缘石》(JC 899—2002) 标准，按路缘石的截面形状分为H型、T型、R型、F型和P型平面石；RA型仅适用于混凝土路缘石。

（3）按路缘石的设计线形分为直线型路缘石和曲线型路缘石，曲线段应尽量采用曲线型路缘石。

1）直线型路缘石的长度一般为1000mm、900mm、800mm等。

2）曲线型路缘石的曲线半径以立缘石侧面所在的位置为准。本图集提供的曲线半径系列为0.5m、0.75m、1.0m、1.5m、2.0m、3.0m、6.0m、9.0m、12m、15m、20m、25m、30m、35m、40m、45m、50m。

3）曲线型路缘石按立缘石侧面倒角位置分为外倒角曲线型路缘石和内倒角曲线型路缘石。见图 1

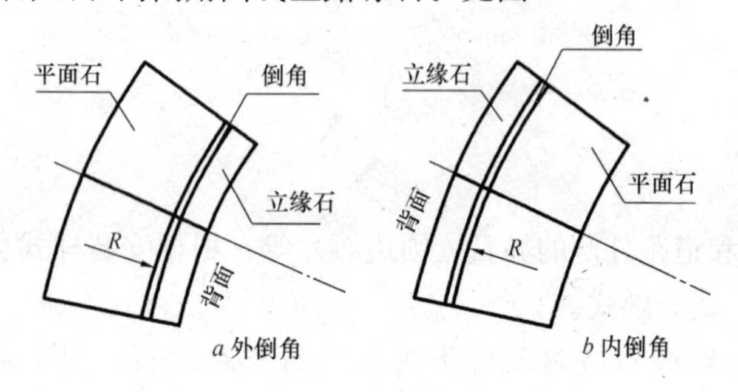

图 1

①外倒角曲线型路缘石分为Ⅰ型和Ⅱ型：

Ⅰ型曲线路缘石是按实际圆弧曲线制作，曲线半径为 0.5～30.0m。

Ⅱ型曲线路缘石其曲线按折线处理，外接圆弧半径 0.5～30.0m，对应曲线弦长为 259～491mm。

②内倒角曲线型路缘石分为Ⅲ型和Ⅳ型：

Ⅲ型曲线路缘石是按实际圆弧曲线制作，曲线半径为 6.0～50.0m。

Ⅳ型曲线路缘石其曲线按折线处理，外接圆弧半径 6.0～50.0m，对应曲线弦长为 942～982mm。

5. 路缘石规格及加工要求

施工图中应说明路缘石的材料类别和加工要求，其规格可采用简化标注。

（1）直线型路缘石规格 $b\times h\times L$。

（2）曲线型路缘石 $b\times h\times L$（R）。

（3）异型路缘石（b_1+b）$\times h\times L$。

（4）平面石 $b\times h\times L$。

（5）曲线型平面石 $b\times h\times L$（R）。

（6）路缘石制作允许误差见表 1。

路缘石制作允许误差 **表 1**

项目	宽度 b	高度 h	长度 L	备注
允许值	+3 −0	+3 −0	+0 −5	单位：mm

6. 路缘石结构组合及选用

（1）路缘石结构组合指立缘石、平面石和基础结构的组合。

1）路缘石与路面（含非机动车道、人行道）推荐采用共用基层结构，即平面石垫层、立缘石垫层应设置在同一基层的面上。

2）改建工程的路缘石可以采用独立基础，即立缘石基础为单独设置，但应采取可靠措施，减少不均匀沉降。

3）对于宽度大于高度的路缘石，安装时可不设靠背。

4）一般路缘石应采用混凝土或灰土基础并应设靠背。

（2）路缘石选用要求

1）路缘石尺寸应与道路等级、路幅宽度和路面结构相协调，其外露高度一般为 15～20cm。对于桥梁和陡峻路段路缘石外露 25～35cm；对于中央分隔带路缘石外露 30～40cm；对于花坛石外露 20～40cm；人行道界石外露 5～10cm；小区道路路缘石外露 10～15cm；对有平面石的路段应相应增加高度。

2）沥青混凝土道路宜设置平面石，平面石宽度应与雨水口宽度相协调，横坡5%～10%。

3）水泥混凝土路面一般不设平面石。

4）小区道路可不设平面石，但应适当加大道路纵坡以满足路面排水要求。

7. 路缘石垫层材料

（1）垫层材料分为二类：砂浆类、水泥混凝土类。

（2）垫层选择原则如下：

设计的垫层厚度不大于30mm时采用砂浆类，一般采用M7.5水泥砂浆。设计垫层厚度大于30mm时，采用C15水泥混凝土（干硬性）。

8. 施工注意事项

（1）沥青路面施工应先安装路缘石，路缘石的安装应先安装立缘石，后安装平面石；水泥混凝土路面施工时先浇捣路面混凝土后安装立缘石。

（2）路缘石侧面与路面结构间应密实无缝。独立基础施工应作到立缘石基础坚实，安装稳固，安装后应将立缘石侧面的沟槽部分用C30水泥混凝土填实至面层底面标高。

（3）道路路缘石安装质量要求和检查标准详见《市政道路工程质量检验评定标准》（CJJ 1—90）。

（4）混凝土路缘石应进行成品随机抽样检验，满足表2的要求。

抗压强度指标表 **表2**

等级（MPa）	Cc40	Cc35	Cc30	Cc25
平均值 Cc≥	40	35	30	25
单块最小值 Cc_{min}≥	36	31.5	27	22.5

强度等级大于或等于Cc35时，吸水率小于7%；强度等级小于Cc35时，吸水率小于8%。

严寒地区（气温地区－15℃）应进行抗冻性试验，路缘石经D50次冻融试验的质量损失率应不大于3%。

寒冷地区、严寒地区冬季道路使用除冰盐除雪时及盐碱地区，应进行抗盐冻性试验，经ND25次抗盐冻性试验的质量损失不大于0.5kg/m^2。

（5）石材路缘石应石质一致，无裂纹和风化等现象。石材强度等级指标大于MU30，吸水率小于1%。

（6）石材路缘石的放射性水平应满足放射性比活度C［e］Ra≤1000Bq/kg镭当量浓度。

（7）本册图集的路缘石均应用水泥砂浆勾缝，施工缝可采用宽5～8mm的平缝或宽10～15mm的凹缝，曲线段最小缝宽3mm。

9. 其他

（1）本册图集中未注明的尺寸说明为构件规格的以厘米计，其余尺寸标注均以毫米计。

（2）路缘石的外露部分必须倒棱，以消除安全隐患，图集中未注明时均应倒圆角且半径大于10mm。

（3）计算构件重量时按混凝土材料容重取24kN/m^3，并未扣除搬运孔的重量。当选用石材路缘石时容重可取26kN/m^3。

（4）本册图集中现浇混凝土路缘石均按构造要求配置钢筋；当要满足防撞要求时，应对单体进行结构计算重新配筋；若路缘石外露高度小于30cm可取消钢筋。

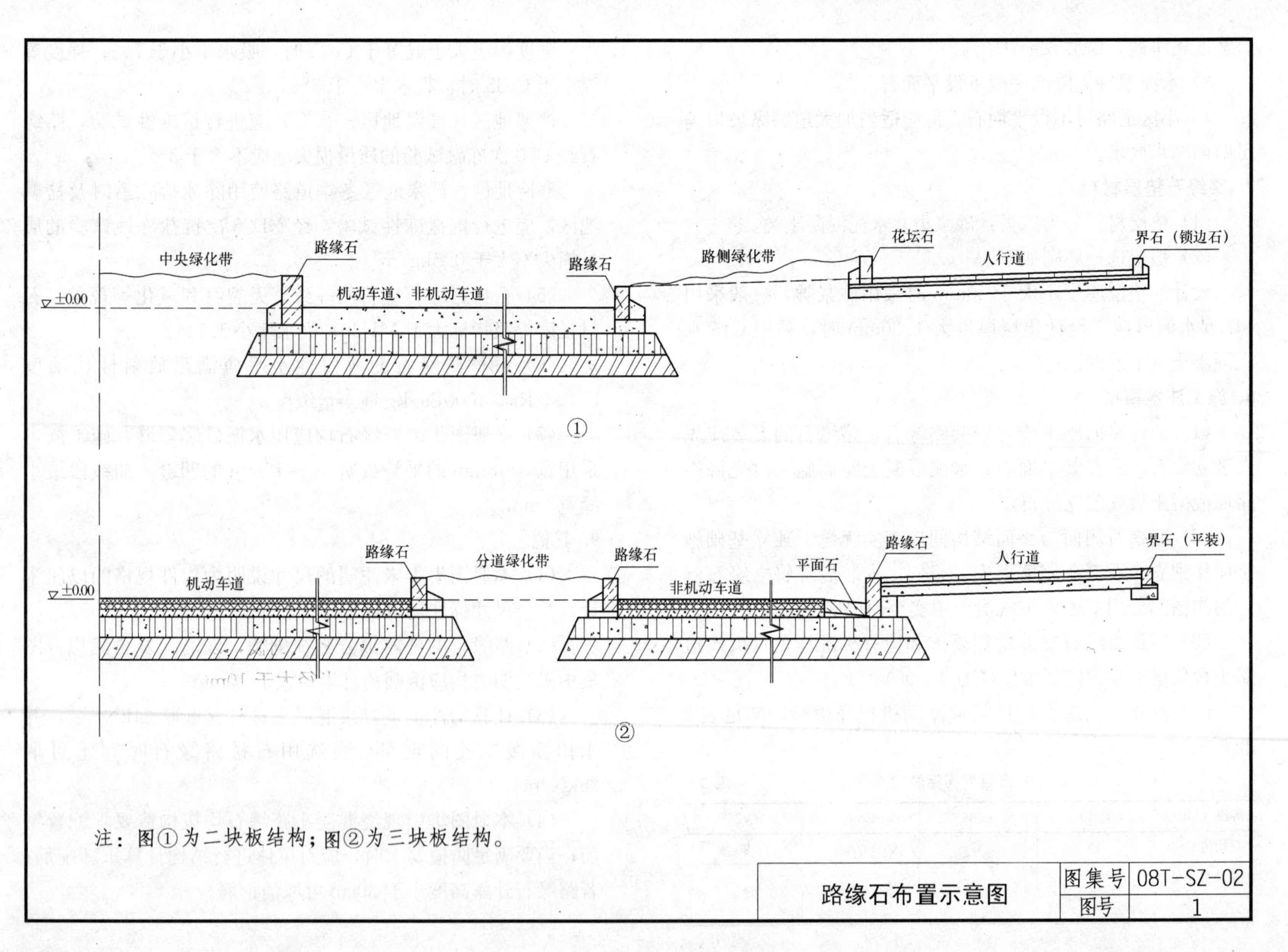

注：图①为二块板结构；图②为三块板结构。

路缘石布置示意图	图集号	08T-SZ-02
	图号	1

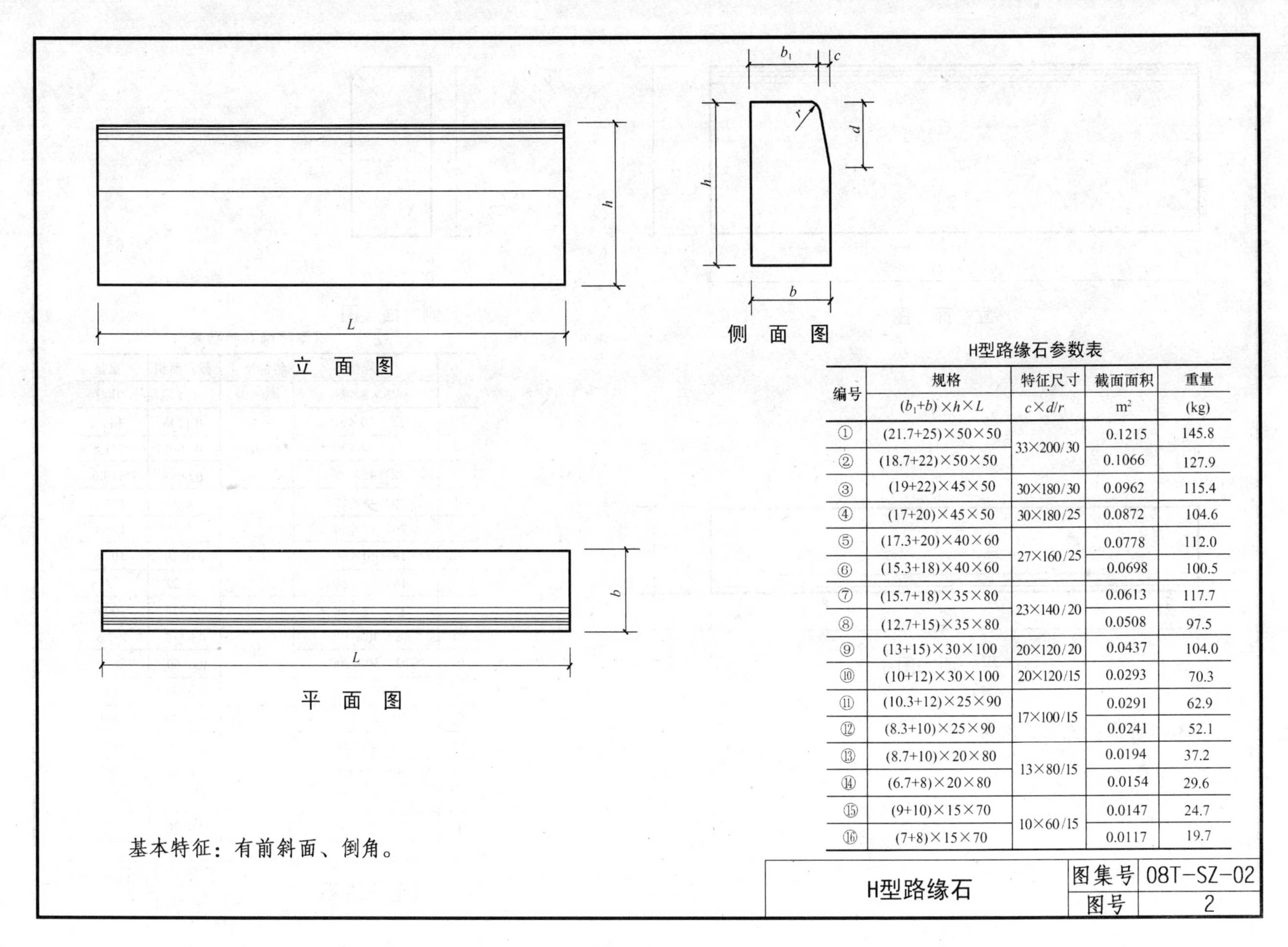

H型路缘石参数表

编号	规格 $(b_1+b)\times h\times L$	特征尺寸 $c\times d/r$	截面面积 m^2	重量 (kg)
①	(21.7+25)×50×50	33×200/30	0.1215	145.8
②	(18.7+22)×50×50		0.1066	127.9
③	(19+22)×45×50	30×180/30	0.0962	115.4
④	(17+20)×45×50	30×180/25	0.0872	104.6
⑤	(17.3+20)×40×60	27×160/25	0.0778	112.0
⑥	(15.3+18)×40×60		0.0698	100.5
⑦	(15.7+18)×35×80	23×140/20	0.0613	117.7
⑧	(12.7+15)×35×80		0.0508	97.5
⑨	(13+15)×30×100	20×120/20	0.0437	104.0
⑩	(10+12)×30×100	20×120/15	0.0293	70.3
⑪	(10.3+12)×25×90	17×100/15	0.0291	62.9
⑫	(8.3+10)×25×90		0.0241	52.1
⑬	(8.7+10)×20×80	13×80/15	0.0194	37.2
⑭	(6.7+8)×20×80		0.0154	29.6
⑮	(9+10)×15×70	10×60/15	0.0147	24.7
⑯	(7+8)×15×70		0.0117	19.7

基本特征：有前斜面、倒角。

H型路缘石	图集号	08T-SZ-02
	图号	2

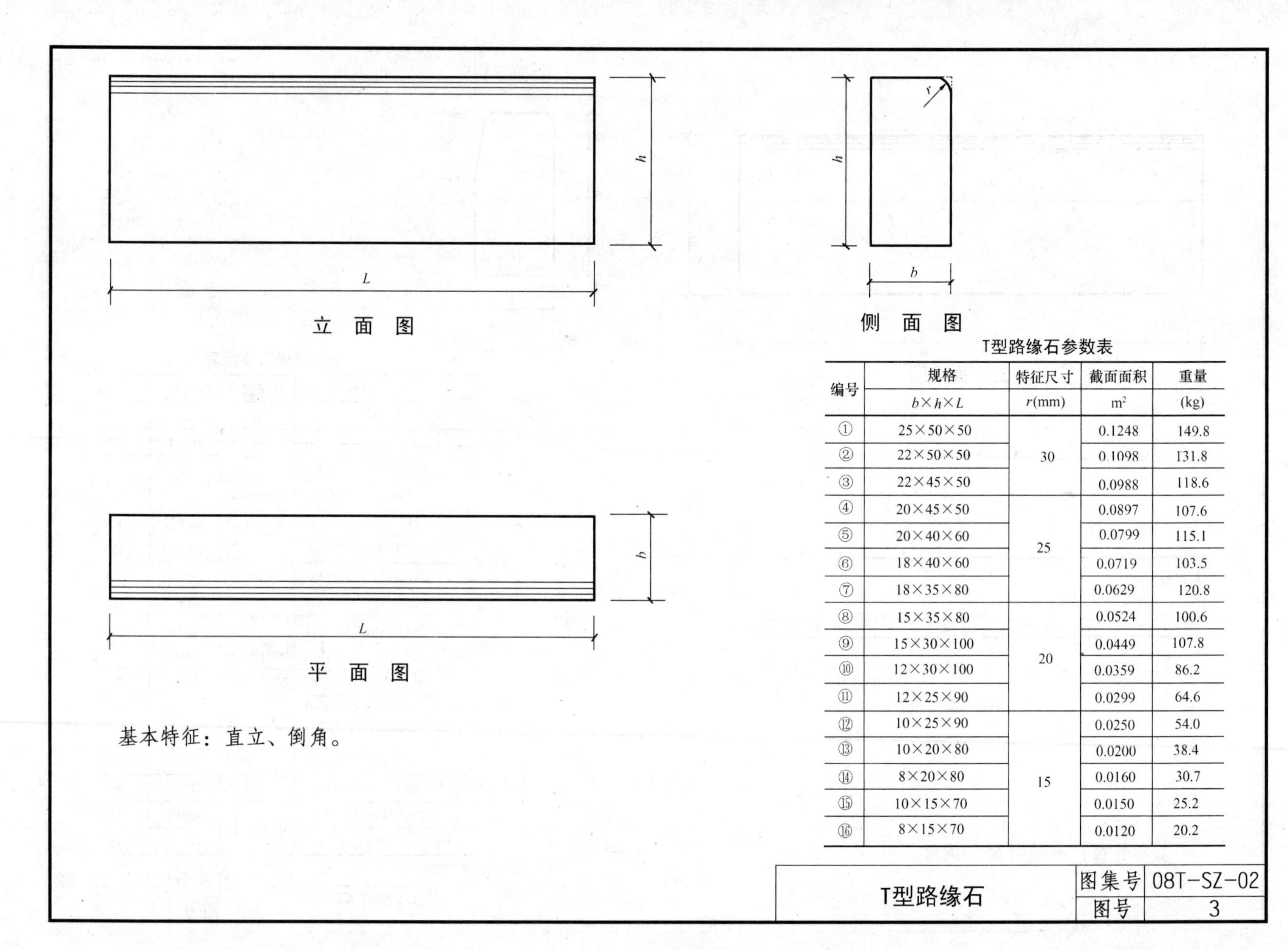

基本特征：直立、倒角。

T型路缘石参数表

编号	规格 $b\times h\times L$	特征尺寸 r(mm)	截面面积 m²	重量 (kg)
①	25×50×50		0.1248	149.8
②	22×50×50	30	0.1098	131.8
③	22×45×50		0.0988	118.6
④	20×45×50		0.0897	107.6
⑤	20×40×60	25	0.0799	115.1
⑥	18×40×60		0.0719	103.5
⑦	18×35×80		0.0629	120.8
⑧	15×35×80		0.0524	100.6
⑨	15×30×100		0.0449	107.8
⑩	12×30×100	20	0.0359	86.2
⑪	12×25×90		0.0299	64.6
⑫	10×25×90		0.0250	54.0
⑬	10×20×80		0.0200	38.4
⑭	8×20×80	15	0.0160	30.7
⑮	10×15×70		0.0150	25.2
⑯	8×15×70		0.0120	20.2

T型路缘石	图集号	08T-SZ-02
	图号	3

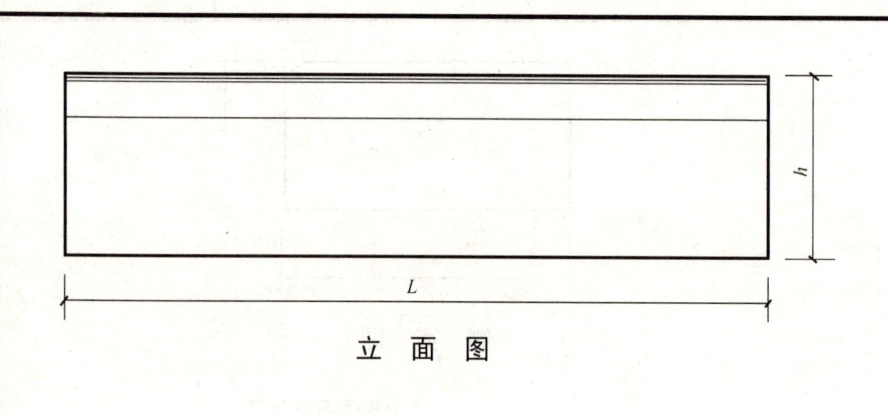

立 面 图

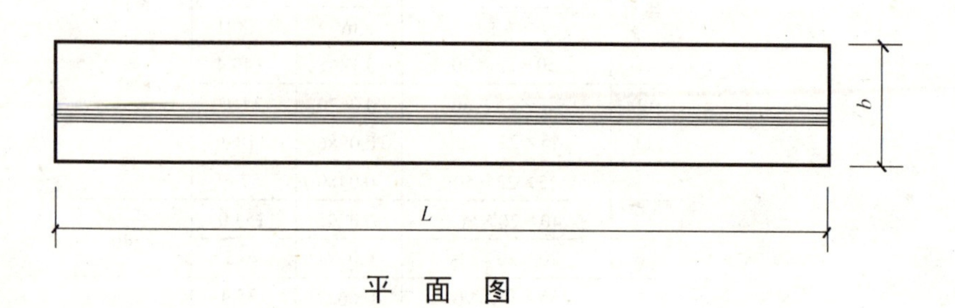

平 面 图

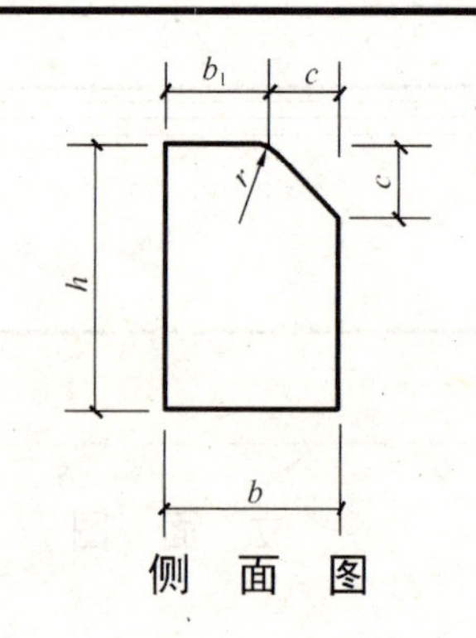

侧 面 图

F型路缘石参数表

编号	规格 $(b_1+b)\times h\times L$	特征尺寸 c/r	截面面积 m²	重量 (kg)
①	(15+25)×35×60	100/30	0.0825	118.8
②	(15+25)×25×60		0.0575	82.8
③	(13+22)×33×70	90/30	0.0685	115.1
④	(13+22)×22×70		0.0443	74.4
⑤	(12+20)×30×80	80/25	0.0568	109.1
⑥	(12+20)×20×80		0.0368	70.7
⑦	(11+18)×27×90	70/25	0.0461	99.6
⑧	(11+18)×18×90		0.0299	64.6
⑨	(9+15)×22×100	60/20	0.0312	74.9
⑩	(9+15)×15×100		0.0207	49.7
⑪	(7+12)×18×90	50/20	0.0203	43.8
⑫	(7+12)×12×90		0.0131	28.3
⑬	(6+10)×15×80	40/15	0.0142	27.3
⑭	(6+10)×10×80		0.0092	17.7
⑮	(5+8)×12×70	30/15	0.0091	15.3
⑯	(5+8)×8×70		0.0059	10.0

基本特征：倒长棱，带圆角。

F型路缘石	图集号	08T-SZ-02
	图号	5

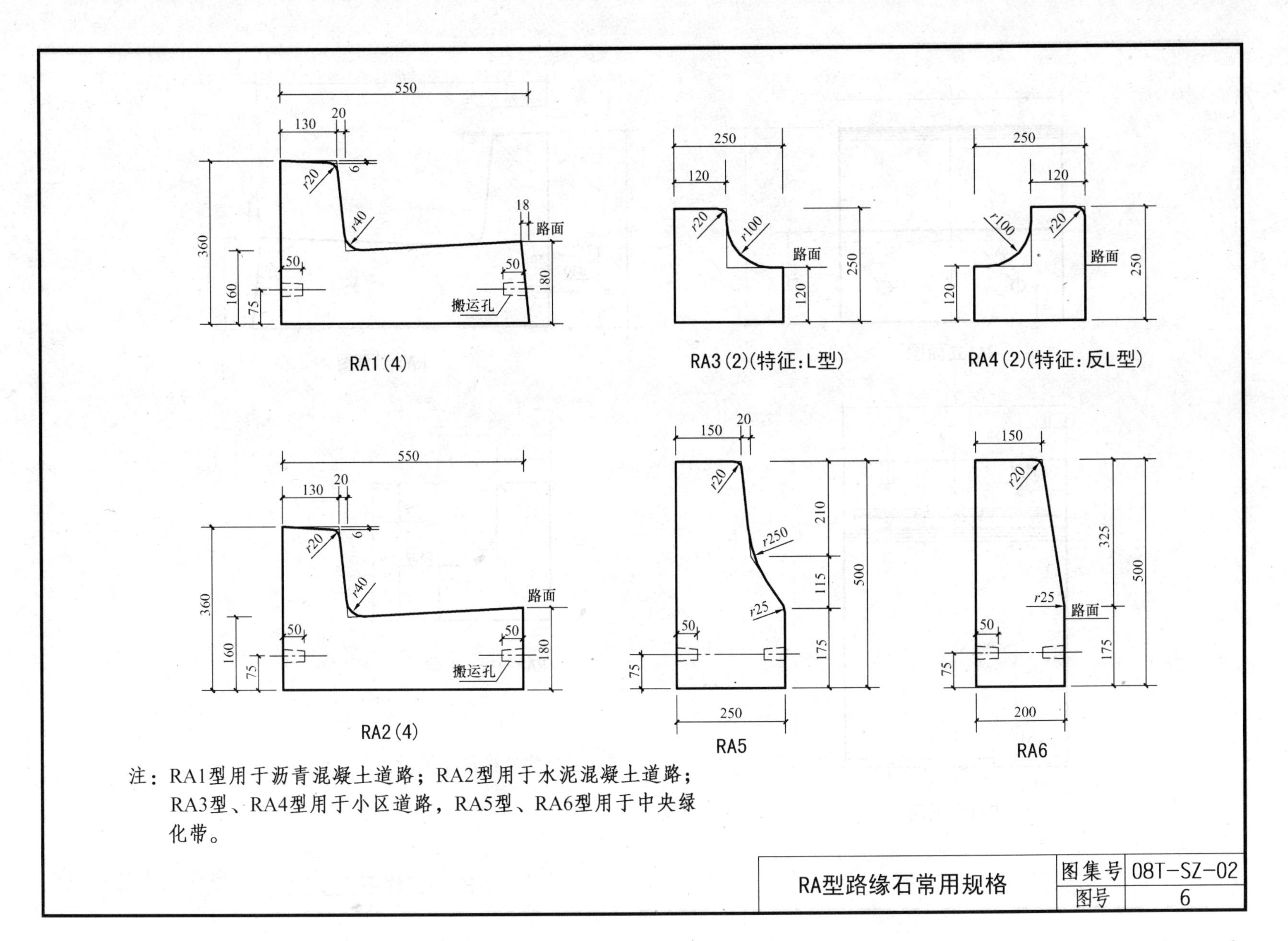

注：RA1型用于沥青混凝土道路；RA2型用于水泥混凝土道路；RA3型、RA4型用于小区道路，RA5型、RA6型用于中央绿化带。

RA型路缘石常用规格	图集号	08T-SZ-02
	图号	6

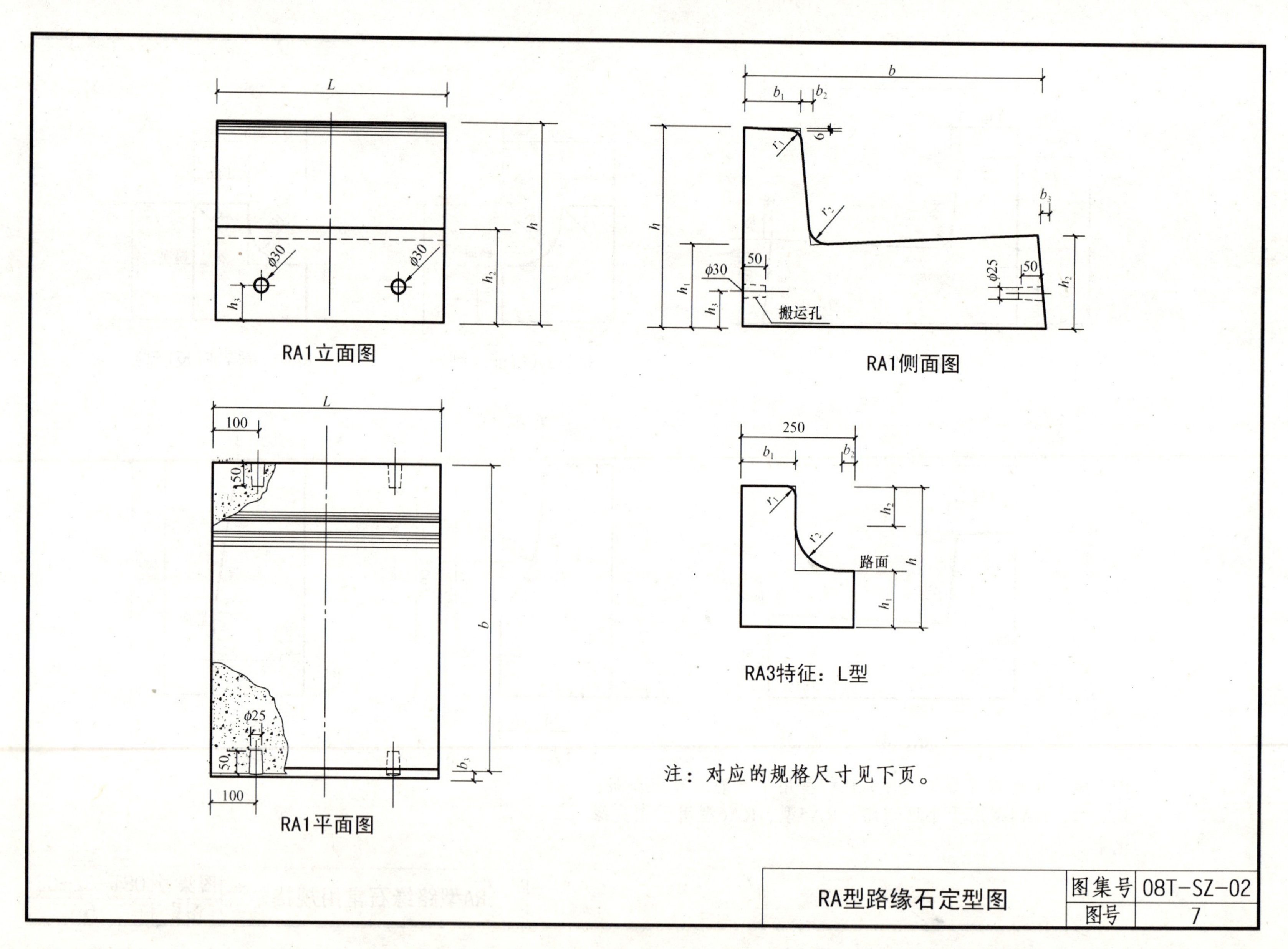

L
h
h2
h3
φ30
φ30
RA1立面图
b
b1
b2
6
r1
r2
b3
h
h1
h3
h2
50
φ30
φ25
50
搬运孔
RA1侧面图
L
100
150
b
φ25
50
100
b3
RA1平面图
250
b1
b2
r1
r2
h2
h
路面
h1
RA3特征：L型
注：对应的规格尺寸见下页。
RA型路缘石定型图
图集号
08T-SZ-02
图号
7

RA型路缘石参数表

截面代号	规格 $b\times h\times L$	特性尺寸宽b b_1	b_2	b_3	特性尺寸高h h_1	h_2	h_3	圆角r r_1	r_2	面积 m^2	重量 kg
RA1(1)	65×42×50	125	25	19.5	170	195	75	20	50	0.1531	183.7
RA1(2)	65×36×50	130	20	19.5	170	195				0.1453	174.4
RA1(3)	65×42×50	125	25	18	160	180			40	0.1462	175.4
RA1(4)	55×36×60	130	20	18	160	180				0.1215	175.0
RA1(5)	55×30×60	135	15	18	160	180				0.1134	163.3
RA1(6)	45×36×80	130	20	16.5	150	165			30	0.1001	192.2
RA1(7)	45×30×80	135	15	16.5	150	165				0.0921	176.8
RA2(1)	65×42×50	125	25	0	170	195	75	20	50	0.1512	181.4
RA2(2)	65×36×50	130	20		170	195				0.1434	172.1
RA2(3)	55×42×60	125	25		160	180			40	0.1276	183.7
RA2(4)	55×36×60	130	20		160	180				0.1199	172.7
RA2(5)	55×30×60	135	15		160	180				0.1118	161.0
RA2(6)	45×36×80	130	20		150	165			30	0.0989	189.9
RA2(7)	45×30×80	135	15		150	165				0.0908	174.3
RA3(1)	25×30×80	120	30	/	120	80	/	20	100	0.0537	103.1
RA3(2)	25×25×100					30				0.0477	114.5
RA4(1)	25×30×80					80				0.0537	103.1
RA4(2)	25×25×100					30				0.0477	114.5
RA5	25×50×50	/								0.1018	122.2
RA6	20×50×50									0.0918	110.2

注：1.根据路缘石的设计外露高度选用对应的型号。

2.RA1型用于沥青混凝土道路；RA2型用于水泥混凝土道路；RA3型、RA4型用于小区道路；RA5型、RA6型用于中央绿化带。

RA型路缘石参数表	图集号	08T-SZ-02
	图号	8

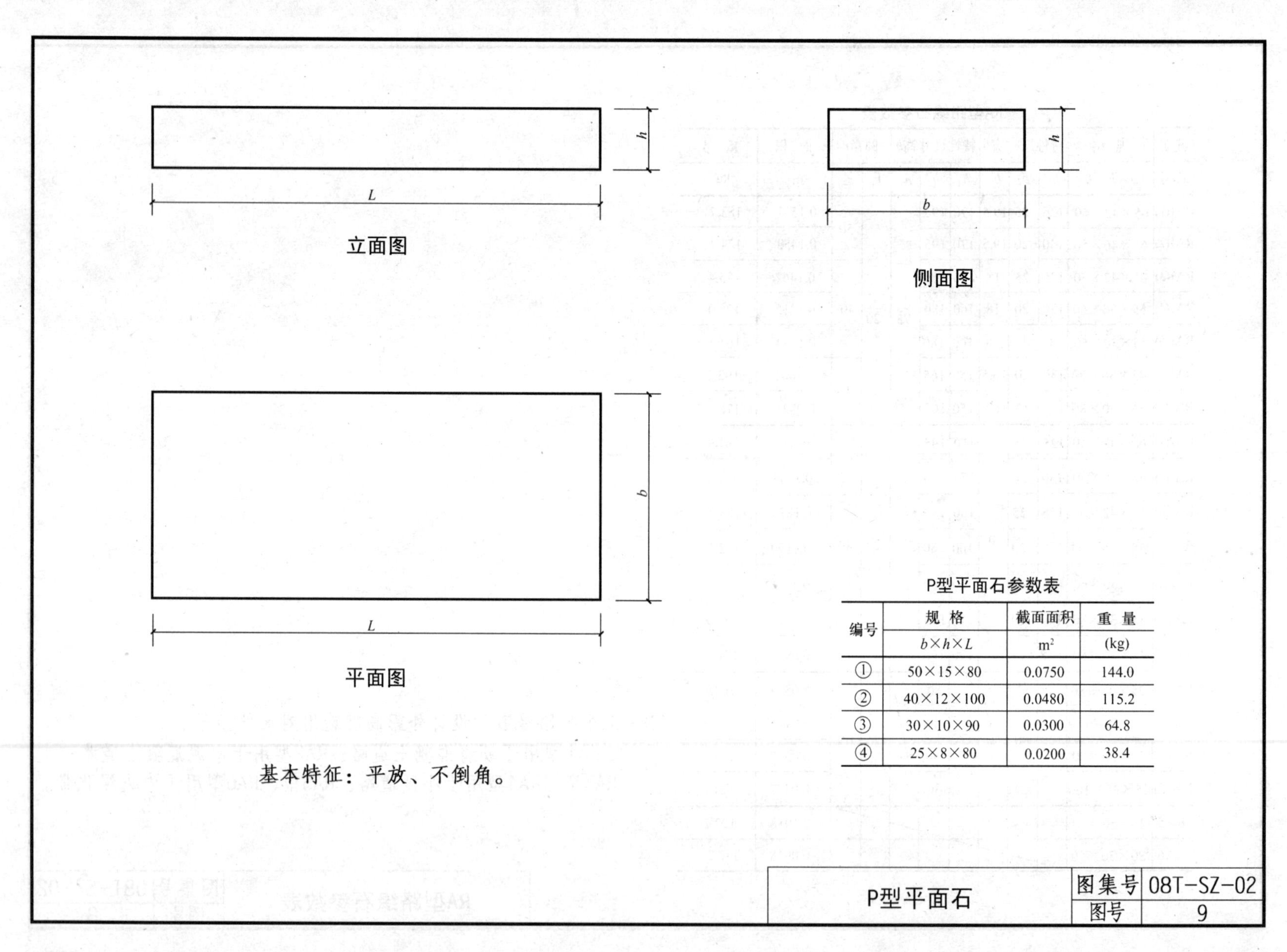

P型平面石参数表

编号	规 格	截面面积	重 量
	$b\times h\times L$	m^2	(kg)
①	50×15×80	0.0750	144.0
②	40×12×100	0.0480	115.2
③	30×10×90	0.0300	64.8
④	25×8×80	0.0200	38.4

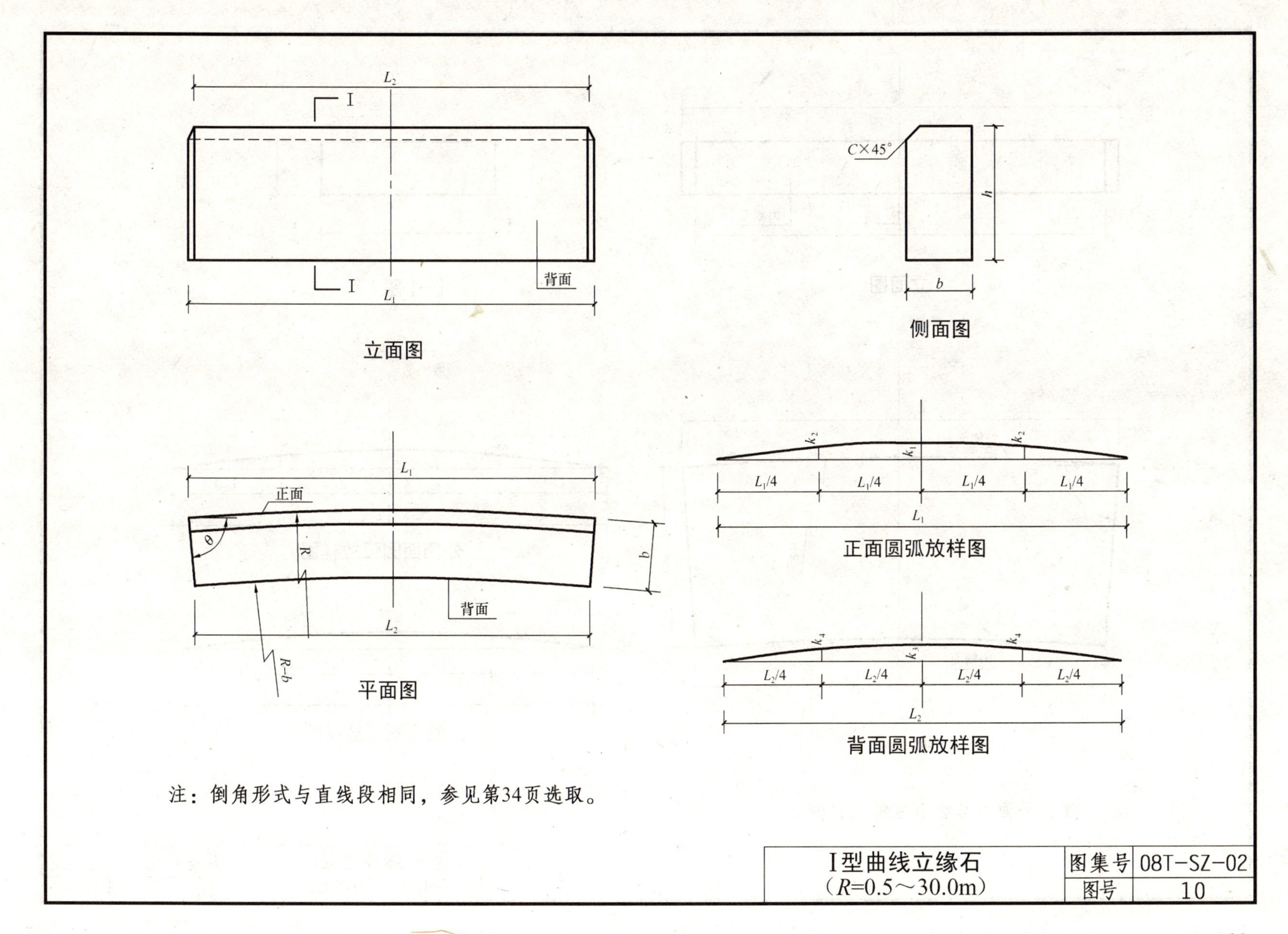

注：倒角形式与直线段相同，参见第34页选取。

I型曲线立缘石（R=0.5～30.0m）	图集号	08T-SZ-02
	图号	10

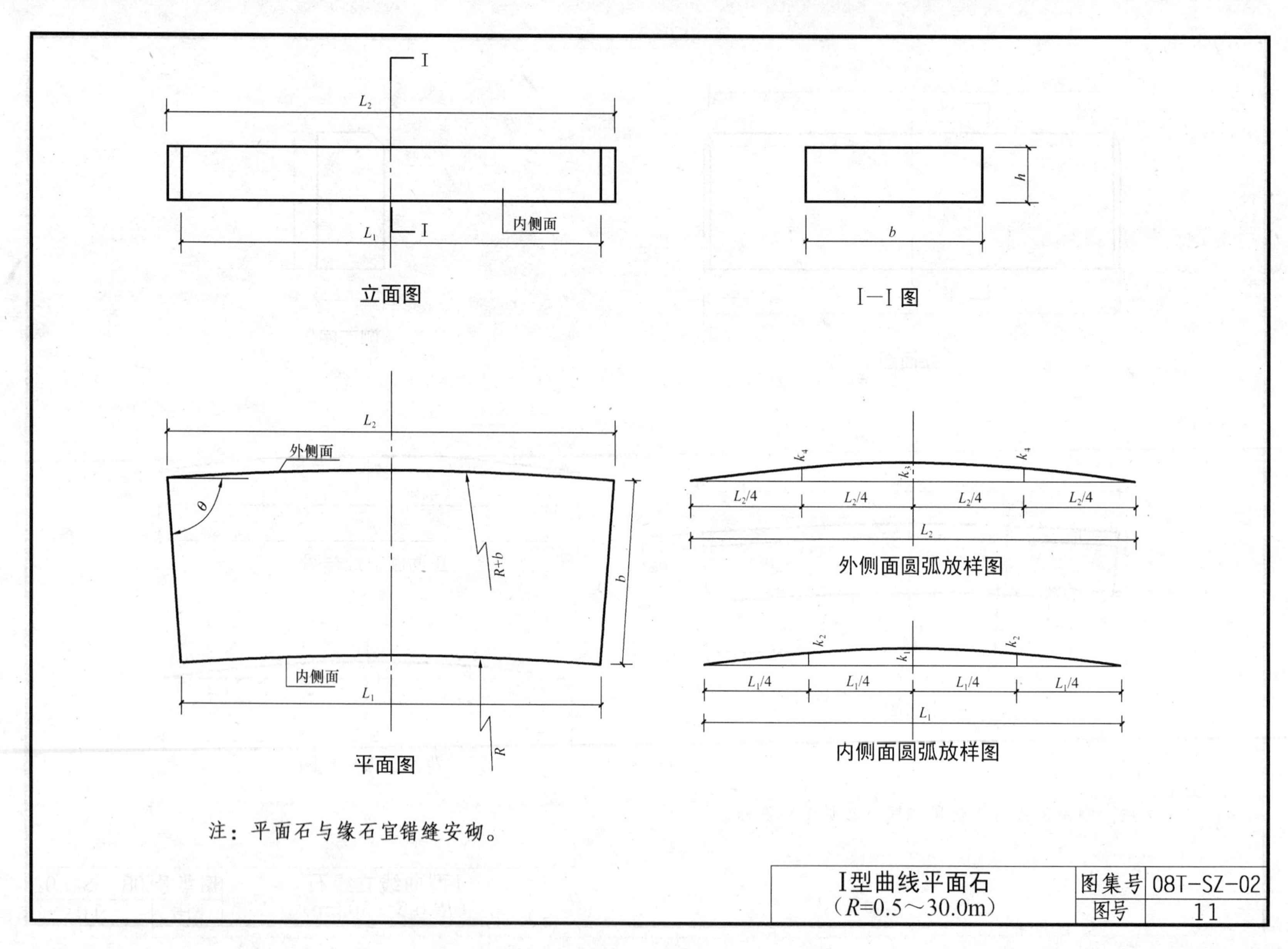

I型曲线平面石（R=0.5～30.0m）	图集号	08T-SZ-02
	图号	11

R=0.5~30.0m Ⅰ型曲线立缘石圆弧放样表

圆弧半径(m)	1/2圆弧长块数	弦与半径夹角(θ°)	正面弦长L_1(mm)	正面弧拱高		缘石宽度b=100mm			缘石宽度b=120mm			缘石宽度b=150mm			缘石宽度b=180mm			缘石宽度b=200mm			缘石宽度b=220mm			缘石宽度b=250mm		
				k_1	k_2	背面弦长L_2(mm)	背面弧拱高 k_3	背面弧拱高 k_4	背面弦长L_2(mm)	背面弧拱高 k_3	背面弧拱高 k_4	背面弦长L_2(mm)	背面弧拱高 k_3	背面弧拱高 k_4	背面弦长L_2(mm)	背面弧拱高 k_3	背面弧拱高 k_4	背面弦长L_2(mm)	背面弧拱高 k_3	背面弧拱高 k_4	背面弦长L_2(mm)	背面弧拱高 k_3	背面弧拱高 k_4	背面弦长L_2(mm)	背面弧拱高 k_3	背面弧拱高 k_4
R=0.50	3	60.0000	500	67	51	400	54	41	380	51	39	350	45	36	320	43	33	300	40	31	280	38	29	250	34	26
R=0.75	4	67.5000	574	57	43	498	50	37	482	48	36	459	46	34	436	43	32	421	42	31	406	40	30	381	40	31
R=1.00	5	72.0000	618	49	37	556	44	33	544	43	33	525	42	31	507	40	30	494	39	30	482	38	29	464	37	28
R=1.50	6	75.0000	776	51	39	725	48	36	714	47	35	699	46	35	683	45	34	673	44	33	663	44	33	647	43	32
R=2.00	8	78.7500	780	51	39	741	37	27	734	43	27	722	36	27	710	35	26	702	35	26	695	34	26	683	34	25
R=3.00	10	81.0000	939	38	29	907	36	27	901	36	27	892	35	26	882	35	26	875	35	26	870	34	26	860	34	25
R=6.00	20	85.5000	942	18	14	926	18	14	623	18	14	918	18	14	918	18	13	918	18	13	907	18	13	902	18	13
R=9.00	30	87.0000	942	12.3	9.3	932	12	9.1	930	12	9.1	926	12	9.1	923	12	9.1	921	12	9.0	919	12	9.0	916	12	9.0
R=12.0	40	87.7500	942	9.3	6.9	934	9.2	6.9	933	9.2	6.9	931	9.1	6.9	928	9.1	6.8	927	9.1	6.8	925	9.1	6.8	923	9.1	6.8
R=15.0	50	88.2000	942	7.4	5.6	936	7.4	5.5	935	7.3	5.5	933	7.3	5.5	931	7.3	5.5	930	7.3	5.5	929	7.3	5.5	927	7.3	5.5
R=20.0	64	88.5938	982	6.0	4.5	977	6.0	4.5	976	6.0	4.5	974	6.0	4.5	973	6.0	4.5	972	6.0	4.5	971	6.0	4.5	969	5.9	4.5
R=25.0	80	88.8750	982	4.8	3.6	978	4.8	3.6	976	4.8	3.6	976	4.8	3.6	975	4.8	3.6	974	4.8	3.6	973	4.8	3.6	972	4.8	3.6
R=30.0	96	89.0625	982	4.0	3.0	978	4.0	3.0	978	4.0	3.0	977	4.0	3.0	976	4.0	3.0	975	4.0	3.0	975	4.0	3.0	974	4.0	3.0

R=0.5~30.0m Ⅰ型曲线平面石圆弧放样表

圆弧半径(m)	1/2圆弧长块数	弦与半径夹角(θ°)	内侧弦长L_1(mm)	内侧弧拱高		平面石宽度b=250mm			平面石宽度b=300mm			平面石宽度b=400mm			平面石宽度b=500mm		
				k_1	k_2	外侧弦长L_2(mm)	外侧面弧高度 k_3	外侧面弧高度 k_4	外侧弦长L_2(mm)	外侧面弧高度 k_3	外侧面弧高度 k_4	外侧弦长L_2(mm)	外侧面弧高度 k_3	外侧面弧高度 k_4	外侧弦长L_2(mm)	外侧面弧高度 k_3	外侧面弧高度 k_4
R=0.50	3	60.0000	500	67	51	750	100	76	800	107	82	900	121	90	1000	134	101
R=0.75	4	67.5000	574	57	43	765	76	58	804	80	60	880	88	67	957	95	72
R=1.00	5	72.0000	618	49	37	773	61	46	803	64	47	865	69	52	927	73	56
R=1.50	6	75.0000	776	51	39	906	60	45	932	61	46	984	65	48	1035	68	51
R=2.00	8	78.7500	780	51	39	878	43	32	897	44	33	936	46	35	976	48	36
R=3.00	10	81.0000	939	38	29	1017	40	30	1033	40	30	1064	42	32	1095	43	32
R=6.00	20	85.5000	942	18	14	981	20	14	989	19	15	1004	20	15	1020	20	15
R=9.00	30	87.0000	942	12.3	9.3	968	13	9.5	973	13	9.6	984	13	9.7	994	13	9.8
R=12.0	40	87.7500	942	9.3	6.9	962	9.4	7.1	966	9.5	7.1	974	9.6	7.2	982	9.6	7.2
R=15.0	50	88.2000	942	7.4	5.6	958	7.5	5.6	961	7.6	5.7	968	7.6	5.7	974	7.7	5.7
R=20.0	64	88.5938	982	6.0	4.5	994	6.1	4.6	996	6.1	4.6	1001	6.1	4.6	1006	6.2	4.6
R=25.0	80	88.8750	982	4.8	3.6	992	4.9	3.7	994	4.9	3.7	997	4.9	3.7	1001	4.9	3.7
R=30.0	96	89.0625	982	4.0	3.0	990	4.0	3.0	992	4.1	3.0	995	4.1	3.1	998	4.1	3.1

注：1.本表提供放样参数，实际制作时应根据设计半径放样。
2.当曲线半径大于30m时，可采用分段直线代替弧线。

Ⅰ型曲线立缘石、平面石放样表	图集号	08T-SZ-02
	图号	12

R=0.5~30.0m Ⅰ型曲线立缘石圆弧放样表

圆弧半径(m)	弦与半径夹角(θ°)	正面弦长 L_1(mm)	正面拱高		缘石宽度b=100mm			缘石宽度b=120mm			缘石宽度b=150mm			缘石宽度b=180mm			缘石宽度b=200mm			缘石宽度b=220mm			缘石宽度b=250mm		
					背面弦长	背面弦拱高		背面弦长	背面弦拱高		背面弦长	背面弦拱高		背面弦长	背面弦拱高		背面弦长	背面弦拱高		背面弦长	背面弦拱高		背面弦长	背面弦拱高	
			k_1	k_2	L_2(mm)	k_3	k_4	L_2(mm)	k_3	k_4	L_2(mm)	k_3	k_4	L_2(mm)	k_3	k_4	L_2(mm)	k_3	k_4	L_2(mm)	k_3	k_4	L_2(mm)	k_3	k_4
R=0.50	60.0000		67	51	400	54	41	380	51	39	350	45	36	320	43	33	300	40	31	280	38	29	250	34	26
R=0.75	70.5288		43	32	433	37	28	420	36	27	400	34	26	380	33	25	367	32	24	353	30	23	333	29	22
R=1.00	75.5225		32	24	450	29	22	440	28	21	425	27	21	410	26	20	400	25	19	390	25	19	375	24	18
R=1.50	80.4059		21	16	467	20	15	460	19	15	450	19	14	440	19	14	433	18	14	428	18	14	417	18	13
R=2.00	82.8192		16	12	475	15	11	470	15	11	463	15	11	455	14	11	450	14	11	445	14	11	438	14	10
R=3.00	85.2198		11	7.8	483	10	7.6	480	10	7.5	475	9.9	7.4	470	0.98	7.4	467	9.7	7.3	463	9.7	7.3	458	9.6	7.2
R=6.00	87.6120	500	5.2	3.9	492	5.1	3.8	490	5.1	3.8	488	5.1	3.8	485	5.1	3.8	483	5.0	3.8	482	5.0	3.8	480	5.0	3.7
R=9.00	88.4082		3.5	2.6	494	3.4	2.6	493	3.4	2.6	492	3.4	2.6	490	3.4	2.5	489	3.4	2.5	488	3.4	2.5	486	3.4	2.5
R=12.0	88.8063		2.6	2.0	496	2.6	2.0	495	2.6	2.0	494	2.6	2.0	493	2.6	2.0	492	2.6	2.0	491	2.6	2.0	490	2.6	2.0
R=15.0	89.0450		2.1	1.6	497	2.1	1.6	496	2.1	1.5	495	2.1	1.5	494	2.1	1.5	493	2.1	1.5	493	2.1	1.5	492	2.0	1.5
R=20.0	89.2838		1.6	1.2	498	1.6	1.2	497	1.6	1.2	496	1.6	1.2	496	1.5	1.2	495	1.5	1.2	495	1.5	1.2	494	1.5	1.2
R=25.0	89.4270		1.3	0.9	498	1.2	0.9	498	1.2	0.9	497	1.2	0.9	496	1.2	0.9	496	1.2	0.9	496	1.2	0.9	495	1.2	0.9
R=30.0	89.5225		1.0	0.8	498	1.0	0.8	498	1.0	0.8	498	1.0	0.8	497	1.0	0.8	497	1.0	0.8	496	1.0	0.8	495	1.0	0.8

R=0.5~30.0m Ⅰ型曲线平面石圆弧放样表

圆弧半径(m)	弦与半径夹角(θ°)	内侧弦长 L_1(mm)	内侧弦拱高		平面石宽度b=250mm			平面石宽度b=300mm			平面石宽度b=400mm			平面石宽度b=500mm		
					外侧弦长	外侧面弦高度		外侧弦长	外侧面弦高度		外侧弦长	外侧面弦高度		外侧弦长	外侧面弦高度	
			k_1	k_2	L_2(mm)	k_3	k_4	L_2(mm)	k_3	k_4	L_2(mm)	k_3	k_4	L_2(mm)	k_3	k_4
R=0.50	60.0000		67	51	750	101	77	800	107	82	900	121	92	1000	134	102
R=0.75	70.5288		43	32	667	57	43	700	60	46	767	66	50	833	72	54
R=1.00	75.5225		32	24	625	40	30	650	41	31	700	45	34	750	48	36
R=1.50	80.4059		21	16	583	25	18	600	25	19	633	27	20	667	28	21
R=2.00	82.8192		16	12	563	18	13	575	18	14	600	19	14	625	20	15
R=3.00	85.2198		11	7.8	542	11	8.5	550	12	8.6	567	12	9.0	583	12	9.1
R=6.00	87.6120	500	5.2	3.9	521	5.4	4.1	525	5.5	4.1	533	5.6	4.2	542	5.6	4.2
R=9.00	88.4082		3.5	2.6	514	3.6	2.7	517	3.6	2.7	522	3.6	2.7	518	3.7	2.8
R=12.0	88.8063		2.6	2.0	510	2.7	2.0	513	2.7	2.0	517	2.7	2.0	521	2.7	2.0
R=15.0	89.0450		2.1	1.6	508	2.1	1.6	510	2.1	1.6	513	2.1	1.6	517	2.2	1.6
R=20.0	89.2838		1.6	1.2	506	1.6	1.2	508	1.6	1.2	510	1.6	1.2	513	1.6	1.2
R=25.0	89.4270		1.3	0.9	505	1.3	0.9	506	1.3	0.9	508	1.3	1.0	510	1.3	1.0
R=30.0	89.5225		1.0	0.8	504	1.1	0.8	505	1.1	0.8	507	1.1	0.8	508	1.1	0.8

注：本表提供放样参数，实际制作时应根据当地习惯选用定长尺寸并放实样。

Ⅰ型曲线立缘石、平面石(L=500)	图集号	08T-SZ-02
	图号	13

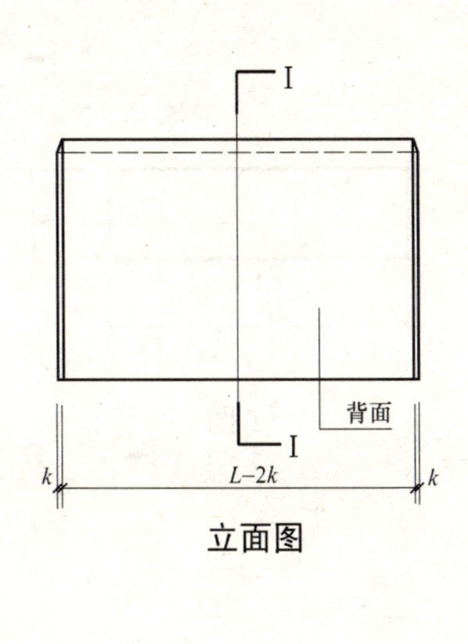

立面图

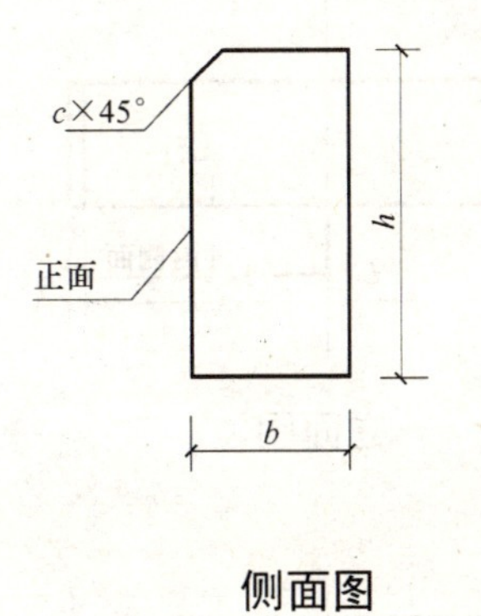

侧面图

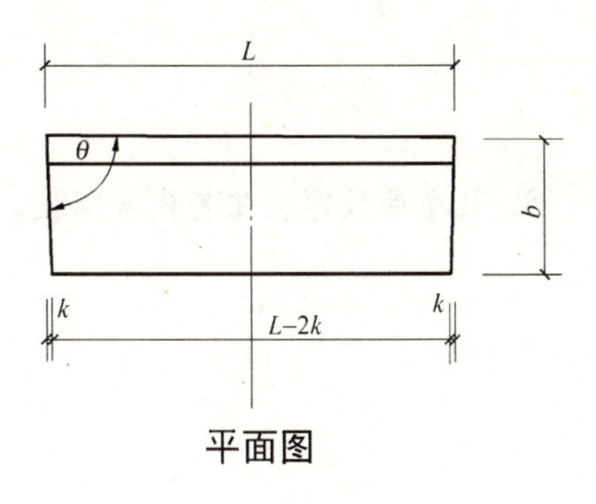

平面图

注：II型曲线即以弦长代替圆弧。

II型曲线立缘石(R=0.5~30.0m)	图集号	08T-SZ-02
	图号	14

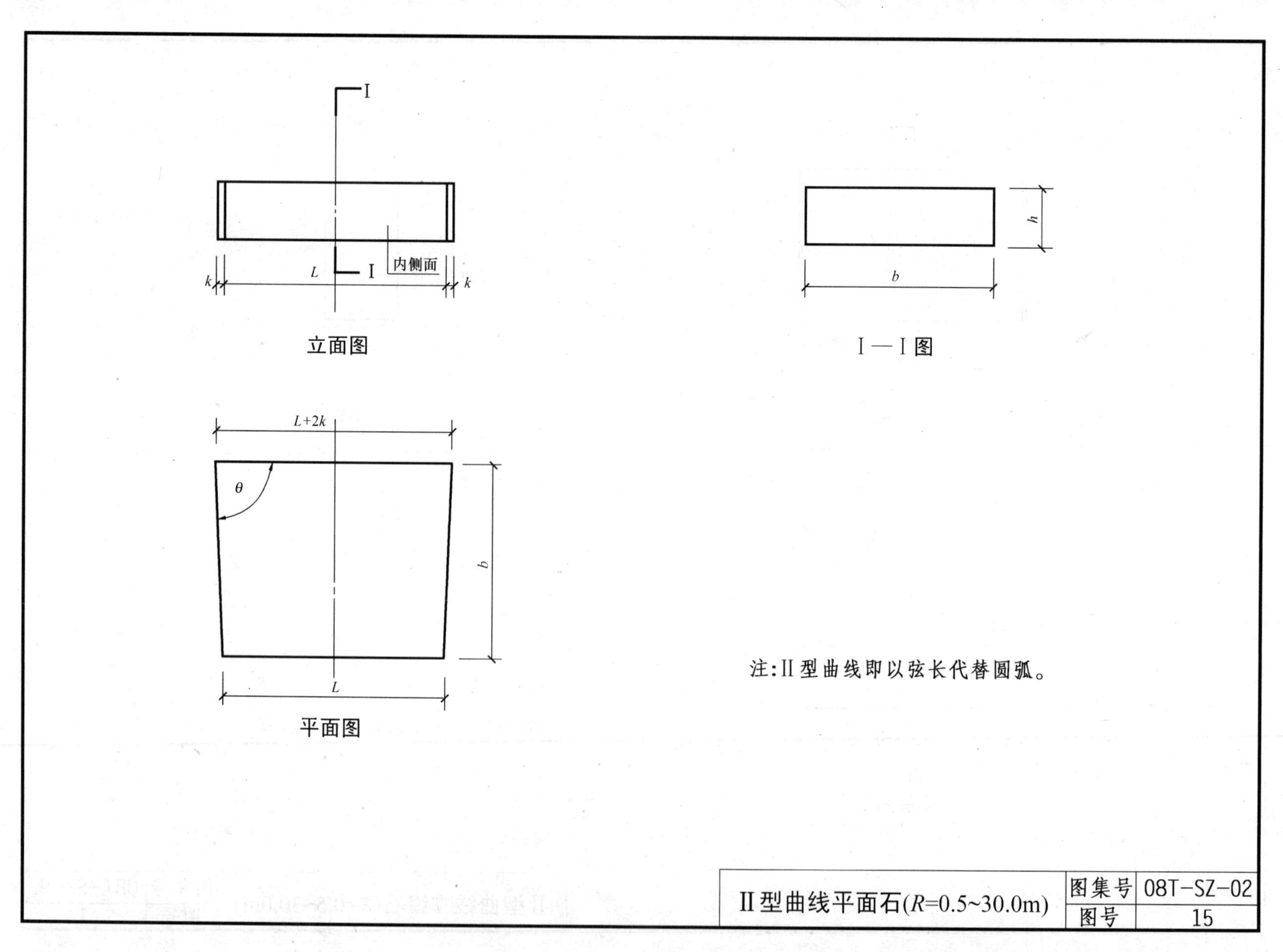
I
I
内侧面
k
L
k
立面图
h
b
I—I 图
L+2k
θ
b
L
平面图
注:II 型曲线即以弦长代替圆弧。
II 型曲线平面石(R=0.5~30.0m)
图集号
08T-SZ-02
图号
15

R=0.5~30.0m II型曲线立缘石圆弧放样表

圆弧半径 (m)	1/2圆弧长块数	弦与半径夹角(θ°)	正面弦长 *L*(mm)	缘石宽度*b*=100mm		缘石宽度*b*=120mm		缘石宽度*b*=150mm		缘石宽度*b*=180mm		缘石宽度*b*=200mm		缘石宽度*b*=220mm		缘石宽度*b*=250mm	
				背面弦长(mm)	参数*k*	背面弦长(mm)	参数*k*	背面弦长(mm)	参数*k*	背面弦长(mm)	参数*k*	背面弦长(mm)	参数*k*	背面弦长(mm)	参数*k*	背面弦长(mm)	参数*k*
R=0.50	6	75.0000	259	207	26	197	31	181	39	166	47	155	52	145	57	129	65
R=0.75	8	78.7500	293	254	20	246	23	234	29	222	35	215	39	207	43	195	49
R=1.00	10	81.0000	313	282	16	275	19	266	23	257	28	250	31	244	34	235	39
R=1.50	12	82.5000	392	366	13	360	16	352	20	345	24	339	26	334	29	326	33
R=2.00	16	84.3750	392	373	9.8	369	12	363	15	357	18	353	20	349	22	343	25
R=3.00	20	85.5000	471	455	7.8	452	9.4	447	12	443	14	439	16	436	17	432	20
R=6.00	40	87.7500	471	463	3.9	462	4.7	459	5.9	457	7.1	455	7.9	454	8.6	452	9.8
R=9.00	60	88.5000	471	466	2.6	465	3.1	464	3.9	462	4.7	461	5.2	460	5.8	459	6.5
R=12.0	80	88.8750	471	467	2.0	467	2.4	465	2.9	464	3.5	463	3.9	463	4.3	461	4.9
R=15.0	100	89.1000	471	468	1.6	467	1.9	467	2.4	466	2.8	465	3.1	464	3.5	463	3.9
R=20.0	128	89.2969	491	488	1.2	488	1.5	487	1.8	486	2.2	486	2.5	486	2.7	485	3.1
R=25.0	160	89.4375	491	489	1.0	489	1.2	488	1.5	487	1.8	487	2.0	487	2.2	486	2.5
R=30.0	192	89.5313	491	489	0.8	489	1.0	488	1.2	488	1.5	488	1.6	487	1.8	487	2.0

R=0.5~30.0m II型曲线平面石圆弧放样表

圆弧半径 (m)	1/2圆弧长块数	弦与半径夹角(θ°)	内侧弦长 *L*(mm)	平石宽度*b*=250mm		平石宽度*b*=300mm		平石宽度*b*=400mm		平石宽度*b*=500mm	
				外侧弦长(mm)	参数*k*	外侧弦长(mm)	参数*k*	外侧弦长(mm)	参数*k*	外侧弦长(mm)	参数*k*
R=0.50	6	75.0000	259	388	65	414	78	466	104	518	129
R=0.75	8	78.7500	293	390	49	410	59	449	78	488	98
R=1.00	10	81.0000	313	391	39	407	47	431	63	469	78
R=1.50	12	82.5000	392	457	33	470	39	496	52	522	65
R=2.00	16	84.3750	392	441	25	451	30	471	39	490	49
R=3.00	20	85.5000	471	510	20	518	24	534	31	549	39
R=6.00	40	87.7500	471	491	9.8	495	12	503	16	510	20
R=9.00	60	88.5000	471	484	6.5	486	7.8	491	11	496	13
R=12.0	80	88.8750	471	481	4.9	483	5.9	487	7.9	491	9.8
R=15.0	100	89.1000	471	479	3.9	481	4.7	484	6.3	487	7.9
R=20.0	128	89.2969	491	497	3.1	498	3.7	501	4.9	503	6.1
R=25.0	160	89.4375	491	496	1.0	497	2.0	499	2.5	501	4.9
R=30.0	192	89.5313	491	495	2.1	496	2.5	497	3.3	499	4.1

注：为利用直线段模板，本表系参照第15页取1/2曲线段对应计算的*k*值。

II型曲线立缘石、平面石放样表	图集号	08T-SZ-02
	图号	16

R=0.5~30.0m Ⅱ型曲线立缘石圆弧放样表

圆弧半径(m)	弦与半径夹角(θ°)	正面弦长L(mm)	缘石宽度b=100mm		缘石宽度b=120mm		缘石宽度b=150mm		缘石宽度b=180mm		缘石宽度b=200mm		缘石宽度b=220mm		缘石宽度b=250mm	
			背面弦长(mm)	参数k	背面弦长(mm)	参数k	背面弦长(mm)	参数k	背面弦长(mm)	参数k	背面弦长(mm)	参数k	背面弦长(mm)	参数k	背面弦长(mm)	参数k
R=0.50	60.0000		400	50	380	60	350	75	320	90	300	100	280	110	250	125
R=0.75	70.5288		433	33	420	40	400	50	380	60	367	67	353	73	333	83
R=1.00	75.5225		450	25	440	30	425	38	410	45	400	50	390	55	375	63
R=1.50	80.4059		467	17	460	20	450	25	440	30	433	33	427	37	417	42
R=2.00	82.8192		475	13	470	15	463	19	455	23	450	25	445	28	438	31
R=3.00	85.2198		484	8.3	480	10	475	13	470	15	467	17	463	18	458	21
R=6.00	87.6120	500	492	4.2	490	5.0	488	6.2	485	7.5	483	8.3	482	9.2	479	10
R=9.00	88.4082		494	2.8	493	3.3	492	4.2	490	5.0	489	5.6	488	6.1	486	6.9
R=12.0	88.8063		496	2.1	495	2.5	494	3.1	493	3.8	492	4.2	491	4.6	490	5.2
R=15.0	89.0450		498	2.1	498	1.8	498	1.7	497	1.5	497	1.3	496	1.0	496	0.8
R=20.0	89.2838		498	3.1	497	2.8	496	2.5	496	2.2	495	1.9	495	1.5	494	1.3
R=25.0	89.4270		498	2.5	498	2.2	497	2.0	496	1.8	496	1.5	496	1.2	495	1.0
R=30.0	89.5225		498	2.1	498	1.8	498	1.7	497	1.5	497	1.2	496	1.0	496	0.8

R=0.5~30.0m Ⅱ型曲线平面石圆弧放样表

圆弧半径(m)	弦与半径夹角(θ°)	内侧弦长L(mm)	平石宽度b=250mm		平石宽度b=300mm		平石宽度b=400mm		平石宽度b=500mm	
			外侧弦长(mm)	参数k	外侧弦长(mm)	参数k	外侧弦长(mm)	参数k	外侧弦长(mm)	参数k
R=0.50	60.0000		750	125	800	150	900	200	1000	250
R=0.75	70.5288		667	83	700	100	767	133	833	167
R=1.00	75.5225		625	63	650	75	700	100	750	125
R=1.50	80.4059		583	42	600	50	633	67	667	83
R=2.00	82.8192		563	31	575	38	600	50	625	63
R=3.00	85.2198		542	21	550	25	567	33	583	42
R=6.00	87.6120	500	521	10	525	13	533	17	541	21
R=9.00	88.4082		514	14	517	15	522	18	528	14
R=12.0	88.8063		542	5.2	513	6.3	517	8.3	521	10
R=15.0	89.0450		508	4.2	510	5.0	513	6.7	517	8.3
R=20.0	89.2838		506	3.1	508	3.8	510	5.0	513	6.3
R=25.0	89.4270		505	2.5	506	3.0	508	4.0	510	5.0
R=30.0	89.5225		504	2.1	505	2.5	507	3.3	508	4.2

注：路缘石定长尺寸可根据当地习惯调整。

Ⅱ型曲线立缘石、平面石(L=500)	图集号	08T-SZ-02
	图号	17

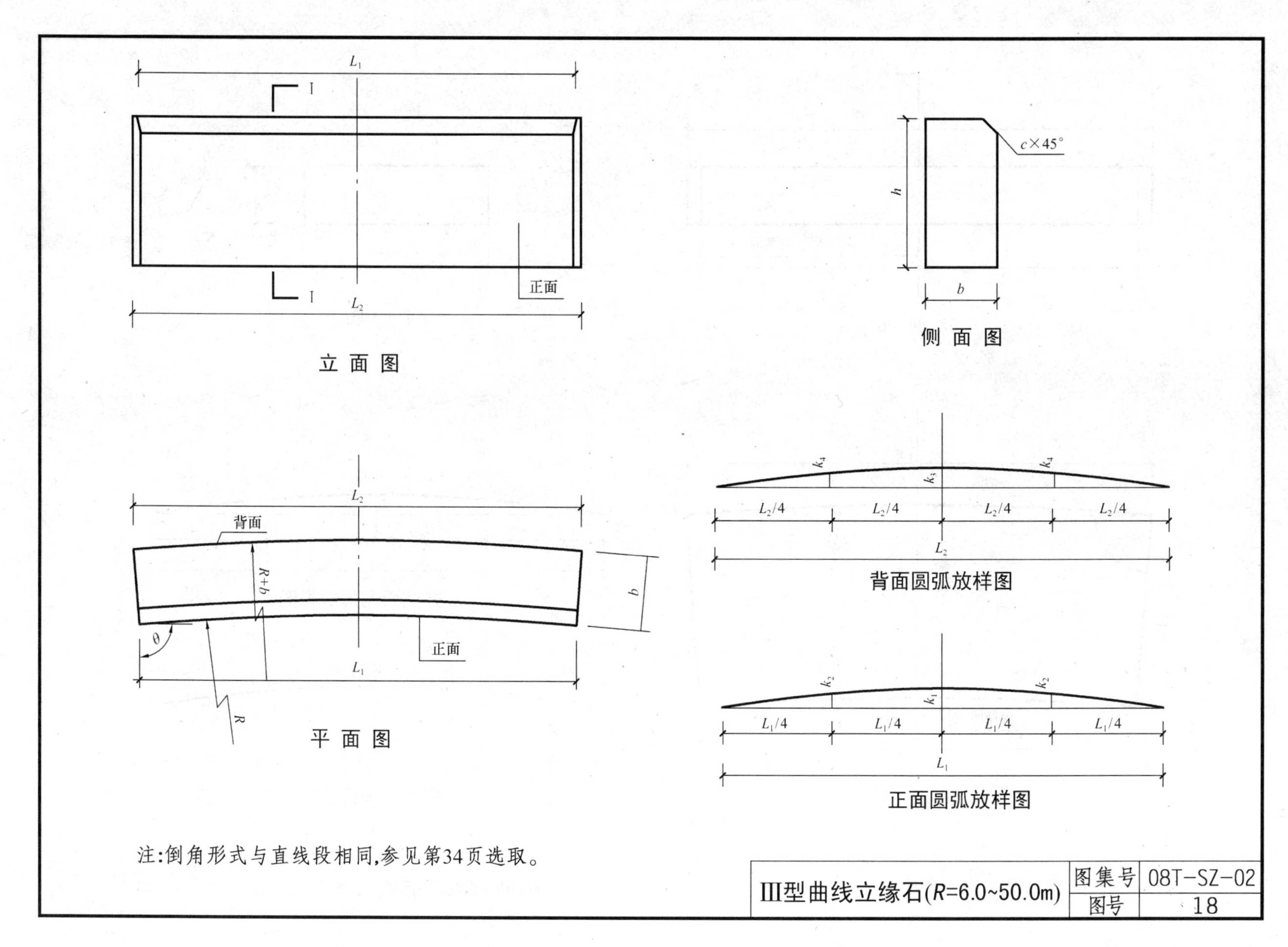

注:倒角形式与直线段相同,参见第34页选取。

Ⅲ型曲线立缘石(R=6.0~50.0m)	图集号	08T-SZ-02
	图号	18

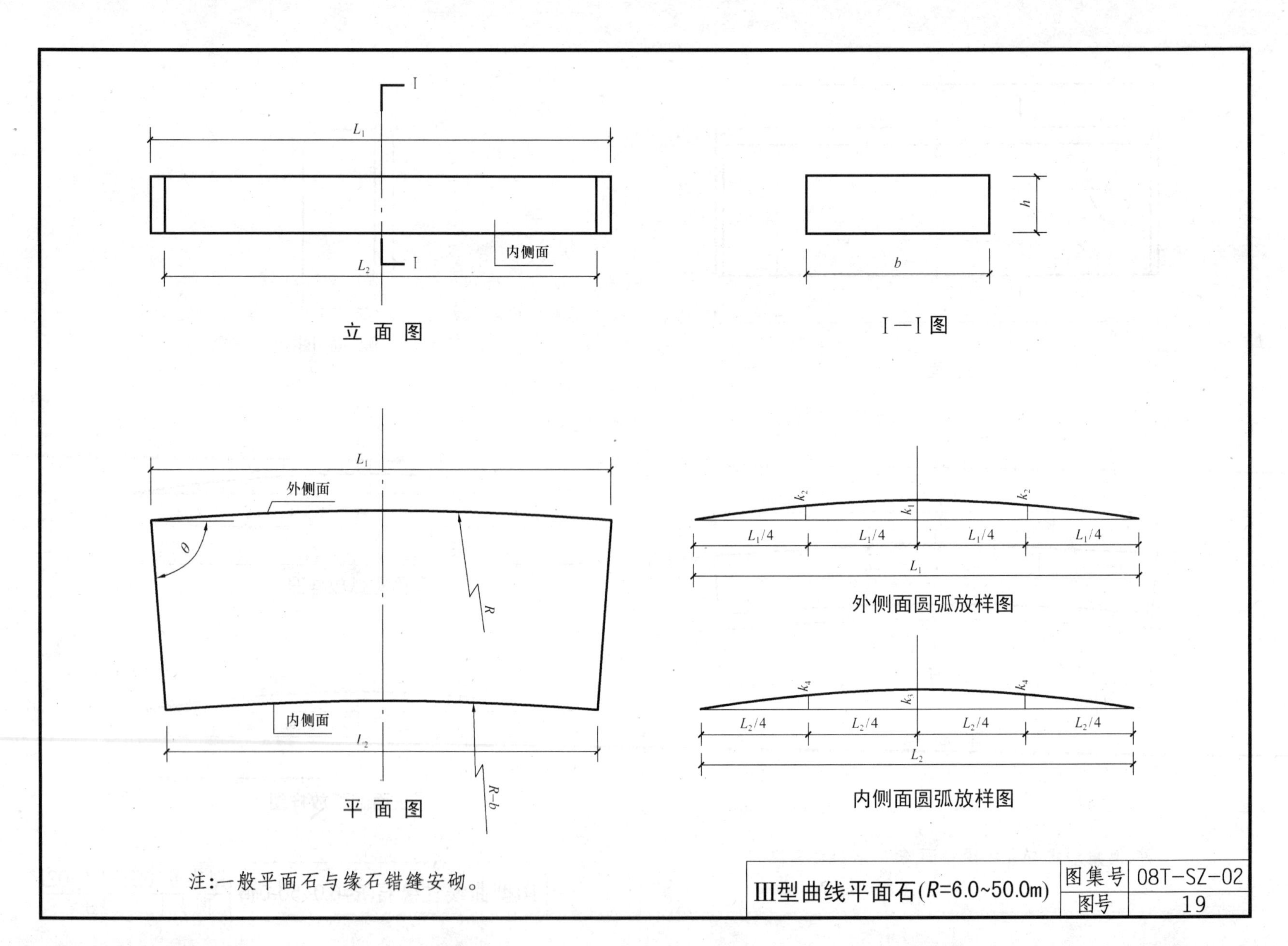

注:一般平面石与缘石错缝安砌。

Ⅲ型曲线平面石(R=6.0~50.0m)	图集号	08T-SZ-02
	图号	19

内倒角R=6.0~50.0mⅢ型曲线立缘石圆弧放样表

圆弧半径(m)	1/2圆弧长块数	弦与半径夹角(θ°)	正面弦长L_1(mm)	正面拱高		缘石宽度b=100mm			缘石宽度b=120mm			缘石宽度b=150mm			缘石宽度b=180mm			缘石宽度b=200mm			缘石宽度b=220mm			缘石宽度b=250mm		
						背面弦长	背面弦拱高		背面弦长	背面弦拱高		背面弦长	背面弦拱高		背面弦长	背面弦拱高		背面弦长	背面弦拱高		背面弦长	背面弦拱高		背面弦长	背面弦拱高	
				k_1	k_2	L_2(mm)	k_3	k_4	L_2(mm)	k_3	k_4	L_2(mm)	k_3	k_4	L_2(mm)	k_3	k_4	L_2(mm)	k_3	k_4	L_2(mm)	k_3	k_4	L_2(mm)	k_3	k_4
R=6.0	20	85.5000	942	19	14	957	19	14	960	19	14	965	19	14	970	19	14	973	19	14	976	19	14	981	19	14
R=9.0	30	87.0000	942	12	9.2	953	11	6.7	955	13	9.4	958	13	9.4	961	13	9.4	963	13	9.5	965	13	9.5	968	13	9.5
R=12.0	40	87.7500	942	9.3	6.9	950	9.3	7.0	952	9.4	7.0	954	9.4	7.0	956	9.4	7.0	958	9.4	7.1	960	9.4	7.1	962	9.4	7.1
R=15.0	50	88.2000	942	7.4	5.6	949	7.5	5.6	950	7.5	5.6	952	7.5	5.6	952	7.5	5.6	955	7.5	5.6	956	7.5	5.6	958	7.5	5.6
R=20.0	64	88.5938	982	6.0	4.5	987	6.1	4.5	988	6.1	4.5	989	6.1	4.6	991	6.1	4.6	992	6.1	4.6	992	6.1	4.6	994	6.1	4.6
R=25.0	80	88.8750	982	4.8	3.6	986	4.8	3.6	986	4.8	3.6	988	4.8	3.6	989	4.9	3.6	990	4.9	3.6	990	4.9	3.6	992	4.9	3.7
R=30.0	96	89.0625	982	4.0	3.0	985	4.0	3.0	986	4.0	3.0	987	4.0	3.0	987	4.0	3.0	988	4.0	3.0	989	4.0	3.0	990	4.0	3.0
R=35.0	112	89.1964	982	3.4	2.6	985	3.5	2.6	985	3.5	2.6	986	3.5	2.6	987	3.5	2.6	987	3.5	2.6	988	3.5	2.6	989	3.5	2.6
R=40.0	128	89.2969	982	3.0	2.3	984	3.0	2.3	985	3.0	2.3	985	3.0	2.3	986	3.0	2.3	987	3.0	2.3	987	3.0	2.3	988	3.0	2.3
R=45.0	144	89.3750	982	2.7	2.0	984	2.7	2.0	984	2.7	2.0	984	2.7	2.0	985	2.7	2.0	985	2.7	2.0	986	2.7	2.0	987	2.7	2.0
R=50.0	160	89.4375	982	2.4	1.8	984	2.4	1.8	984	2.4	1.8	985	2.4	1.8	985	2.4	1.8	986	2.4	1.8	986	2.4	1.8	987	2.4	1.8

内倒角R=6.0~50.0mⅢ型曲线平面石圆弧放样表

圆弧半径(m)	1/2圆弧长块数	弦与半径夹角(θ°)	外侧弦长L_1(mm)	外侧弧拱高		平面石宽度b=250mm			平面石宽度b=300mm			平面石宽度b=400mm			平面石宽度b=500mm		
						内侧弦长	内侧面弧高度		内侧弦长	内侧面弧高度		内侧弦长	内侧面弧高度		内侧弦长	内侧面弧高度	
				k_1	k_2	L_2(mm)	k_3	k_4	L_2(mm)	k_3	k_4	L_2(mm)	k_3	k_4	L_2(mm)	k_3	k_4
R=6.0	20	85.5000	942	19	14	902	18	13	894	18	13	879	17	13	863	17	13
R=9.0	30	87.0000	942	13	9.2	946	12	9.0	911	12	8.9	900	12	8.8	890	12	8.7
R=12.0	40	87.7500	942	9.3	6.9	923	9.1	6.8	919	9.0	6.8	911	8.9	6.7	903	8.9	6.6
R=15.0	50	88.2000	942	7.4	5.6	927	7.3	5.5	924	7.3	5.4	917	7.2	5.4	944	7.2	5.4
R=20.0	64	88.5938	982	6.0	4.5	969	5.9	4.5	967	5.9	4.4	965	5.9	4.4	960	5.9	4.4
R=25.0	80	88.8750	982	4.8	3.6	972	4.8	3.6	970	4.8	3.6	966	4.7	3.6	962	4.7	3.5
R=30.0	96	89.0625	982	4.0	3.0	974	4.0	3.0	972	4.0	3.0	969	4.0	3.0	965	4.0	3.0
R=35.0	112	89.1964	982	3.4	2.6	975	3.4	2.6	973	3.4	2.6	971	3.4	2.6	968	3.4	2.5
R=40.0	128	89.2969	982	3.0	2.3	976	3.0	2.2	974	3.0	2.2	972	3.0	2.2	970	3.0	2.2
R=45.0	144	89.3750	982	2.7	2.0	976	2.7	2.0	975	2.7	2.0	973	2.7	2.0	971	2.6	2.0
R=50.0	160	89.4375	982	2.4	1.8	977	2.4	1.8	976	2.4	1.8	974	2.4	1.8	972	2.4	1.8

注:本表提供放样参数,实际制作时应根据设计半径放实样。

Ⅲ型曲线立缘石、平面石放样表	图集号	08T-SZ-02
	图号	20

内倒角*R*=6.0~50.0mⅢ型曲线立缘石圆弧放样表

圆弧半径(m)	弦与半径夹角(θ°)	正面弦长 L_1(mm)	正面拱高		缘石宽度*b*=100mm			缘石宽度*b*=120mm			缘石宽度*b*=150mm			缘石宽度*b*=180mm			缘石宽度*b*=200mm			缘石宽度*b*=220mm			缘石宽度*b*=250mm		
			k_1	k_2	背面弦长 L_2(mm)	背面弦拱高 k_3	背面弦拱高 k_4	背面弦长 L_2(mm)	背面弦拱高 k_3	背面弦拱高 k_4	背面弦长 L_2(mm)	背面弦拱高 k_3	背面弦拱高 k_4	背面弦长 L_2(mm)	背面弦拱高 k_3	背面弦拱高 k_4	背面弦长 L_2(mm)	背面弦拱高 k_3	背面弦拱高 k_4	背面弦长 L_2(mm)	背面弦拱高 k_3	背面弦拱高 k_4	背面弦长 L_2(mm)	背面弦拱高 k_3	背面弦拱高 k_4
R=6.0	87.6120	500	5.2	3.9	508	5.3	4.0	510	5.3	4.0	513	5.3	4.0	515	5.4	4.0	517	5.4	4.0	518	5.4	4.1	521	5.4	4.1
R=9.0	88.4082		3.5	2.6	505	3.5	2.6	507	3.5	2.6	508	3.5	2.6	510	3.5	2.7	511	3.5	2.7	512	3.6	2.7	514	3.6	2.7
R=12.0	88.8063		2.6	2.0	504	2.6	2.0	505	2.6	2.0	506	2.6	2.0	508	2.6	2.0	508	2.6	2.0	509	2.7	2.0	510	2.7	2.0
R=15.0	89.0450		2.1	1.6	503	2.1	1.6	504	2.1	1.6	505	2.1	1.6	506	2.1	1.6	506	2.1	1.6	507	2.1	1.6	508	2.1	1.6
R=20.0	89.2838		1.6	1.2	503	1.6	1.2	503	1.6	1.2	504	1.6	1.2	505	1.6	1.2	505	1.6	1.2	506	1.6	1.2	506	1.6	1.2
R=25.0	89.4270		1.2	0.9	502	1.3	0.9	502	1.3	0.9	503	1.3	0.9	503	1.3	0.9	504	1.3	0.9	504	1.3	0.9	505	1.3	0.9
R=30.0	89.5225		1.0	0.8	502	1.0	0.8	502	1.0	0.8	503	1.0	0.8	503	1.0	0.8	503	1.0	0.8	504	1.0	0.8	504	1.0	0.8
R=35.0	89.5907		0.9	0.7	501	0.9	0.7	502	0.9	0.7	502	0.9	0.7	502	0.9	0.7	503	0.9	0.7	503	0.9	0.7	504	0.9	0.7
R=40.0	89.6419		0.8	0.6	501	0.8	0.6	502	0.8	0.6	502	0.8	0.6	502	0.8	0.6	503	0.8	0.6	503	0.8	0.6	503	0.8	0.6
R=45.0	89.6817		0.7	0.5	501	0.7	0.5	501	0.7	0.5	502	0.7	0.5	502	0.7	0.5	502	0.7	0.5	502	0.7	0.5	503	0.7	0.5
R=50.0	89.7135		0.6	0.5	501	0.6	0.5	501	0.6	0.5	502	0.6	0.5	502	0.6	0.5	502	0.6	0.5	502	0.6	0.5	503	0.6	0.5

内倒角*R*=6.0~50.0mⅢ型曲线平面石圆弧放样表

圆弧半径(m)	弦与半径夹角(θ°)	外侧弦长 L_1(mm)	外侧弦拱高		平面石宽度*b*=250mm			平面石宽度*b*=300mm			平面石宽度*b*=400mm			平面石宽度*b*=500mm		
			k_1	k_2	内侧弦长 L_2(mm)	内侧面弦高度 k_3	内侧面弦高度 k_4	内侧弦长 L_2(mm)	内侧面弦高度 k_3	内侧面弦高度 k_4	内侧弦长 L_2(mm)	内侧面弦高度 k_3	内侧面弦高度 k_4	内侧弦长 L_2(mm)	内侧面弦高度 k_3	内侧面弦高度 k_4
R=6.0	87.6120	500	5.2	3.9	479	5.0	3.7	475	5.0	3.7	467	4.9	3.6	458	4.8	3.6
R=9.0	88.4082		3.5	2.6	486	3.4	2.5	483	3.4	2.5	478	3.3	2.5	472	3.3	2.5
R=12.0	88.8063		2.6	2.0	479	2.5	1.9	483	2.5	1.9	488	2.6	1.9	490	2.6	1.9
R=15.0	89.0450		2.1	1.6	492	2.0	1.5	490	2.0	1.5	487	2.0	1.5	483	2.0	1.5
R=20.0	89.2838		1.6	1.2	494	1.5	1.2	493	1.5	1.2	490	1.5	1.1	488	1.5	1.1
R=25.0	89.4270		1.2	0.9	495	1.2	0.9	494	1.2	0.9	492	1.2	0.9	490	1.2	0.9
R=30.0	89.5225		1.0	0.8	496	1.0	0.8	495	1.0	0.8	493	1.0	0.8	492	1.0	0.8
R=35.0	89.5907		0.9	0.7	496	0.9	0.7	496	0.9	0.7	494	0.9	0.7	493	0.9	0.7
R=40.0	89.6419		0.8	0.6	501	0.8	0.6	502	0.8	0.6	502	0.8	0.6	503	0.8	0.6
R=45.0	89.6817		0.7	0.5	501	0.7	0.5	501	0.7	0.5	502	0.7	0.5	502	0.7	0.5
R=50.0	89.7135		0.6	0.5	498	0.6	0.5	497	0.6	0.5	496	0.6	0.5	495	0.6	0.5

注:本表提供放样参数，实际制作时应根据当地习惯选用定长尺寸并放实样。

Ⅲ型曲线立缘石、平面石(*L*=500)	图集号	08T-SZ-02
	图号	21

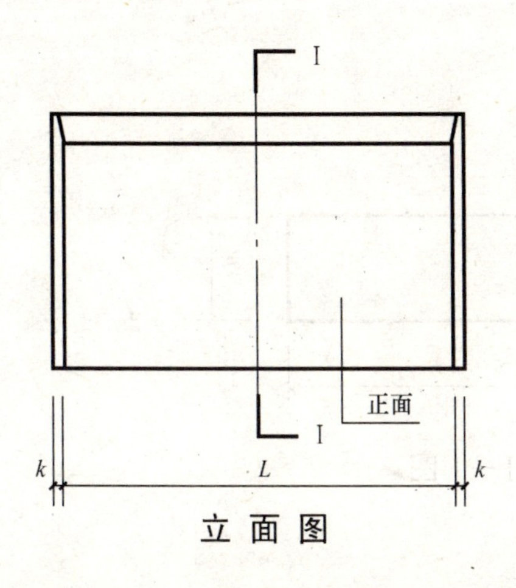

立面图

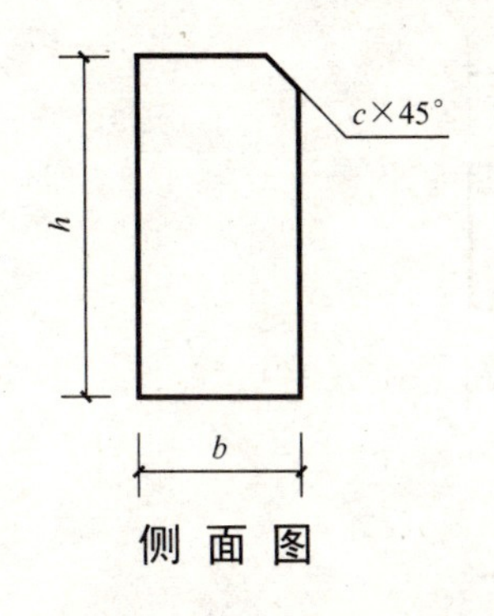

侧面图

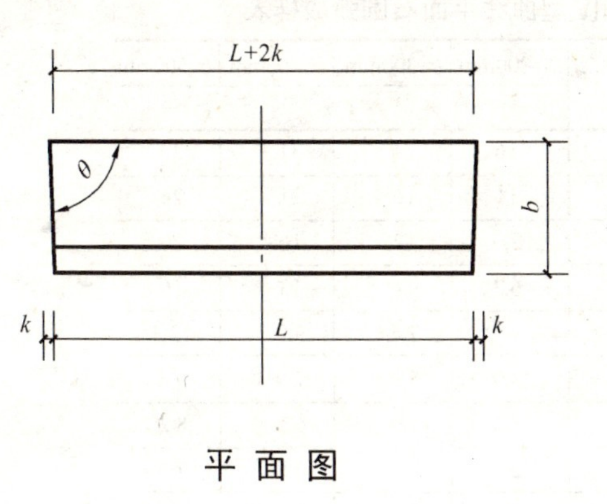

平面图

R=6.0~50.0m内倒角Ⅳ型曲线立缘石圆弧放样表

圆弧半径(m)	1/2圆弧长块数	弦与半径夹角(θ°)	弦长L(mm)	b=100mm	b=120mm	b=150mm	b=180mm	b=200mm	b=220mm	b=250mm
				k						
R=6.0	20	85.5000	942	7.8	9.4	12	14	16	17	20
R=9.0	30	87.0000	942	13	14	16	17	18	19	21
R=12.0	40	87.7500	942	3.9	4.7	5.9	7.1	7.9	8.6	9.8
R=15.0	50	88.2000	942	3.1	3.8	4.7	5.7	6.3	6.9	7.7
R=20.0	64	88.5938	982	2.5	2.9	3.7	4.4	4.9	5.4	6.1
R=25.0	80	88.8750	982	2	2.4	2.9	3.5	3.9	4.3	4.9
R=30.0	96	89.0625	982	1.6	2.0	2.5	2.9	3.3	3.6	4.1
R=35.0	112	89.1964	982	1.4	1.7	2.1	2.5	2.8	3.1	3.5
R=40.0	128	89.2969	982	1.1	1.5	1.8	2.2	2.5	2.7	3.1
R=45.0	144	89.3750	982	1.0	1.3	1.6	2.0	2.2	2.4	2.7
R=50.0	160	89.4375	982	0.9	1.2	1.5	1.8	2.0	2.2	2.5

注:内倒角Ⅳ型曲线立缘石平面也可简化成矩形，通过调整砌缝宽度围成圆弧。

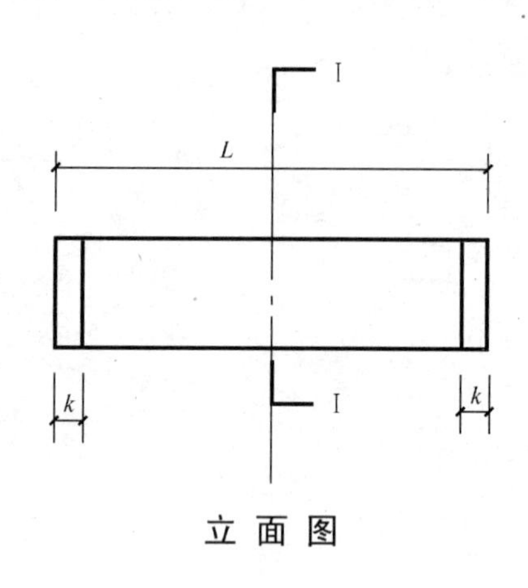

立 面 图

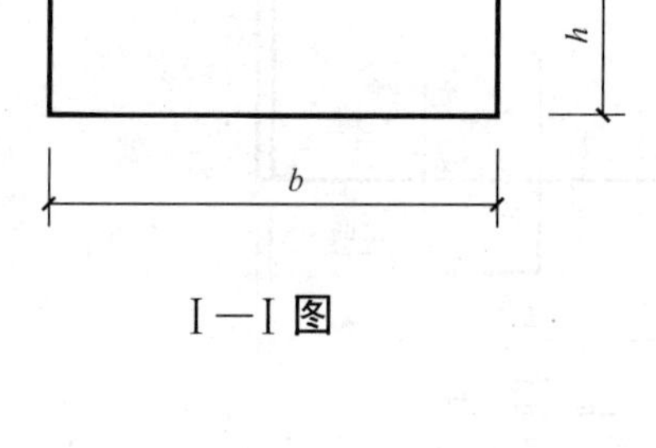

I—I 图

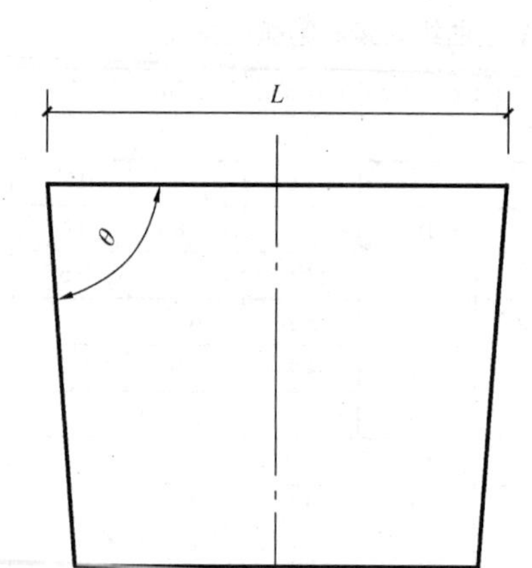

平 面 图

***R*=6.0~50.0m内倒角Ⅳ型曲线平面石圆弧放样表**

圆弧半径 (m)	1/2圆弧长块数	弦与半径夹角(θ°)	弦长 L(mm)	b=200mm	b=300mm	b=400mm	b=500mm
				k			
R=6.0	20	85.5000	942	16	24	31	39
R=9.0	30	87.0000	942	11	16	21	26
R=12.0	40	87.7500	942	7.9	12	16	20
R=15.0	50	88.2000	942	6.3	9.4	13	16
R=20.0	64	88.5938	982	4.9	7.4	9.8	12.3
R=25.0	80	88.8750	982	3.9	5.9	7.9	9.8
R=30.0	96	89.0625	982	3.3	4.9	6.5	8.2
R=35.0	112	89.1964	982	2.8	4.2	5.6	7.0
R=40.0	128	89.2969	982	2.5	3.7	4.9	6.1
R=45.0	144	89.3750	982	2.2	3.3	4.4	5.5
R=50.0	160	89.4375	982	2.0	2.9	3.9	4.9

Ⅳ型曲线平面石	图集号	08T-SZ-02
	图号	23

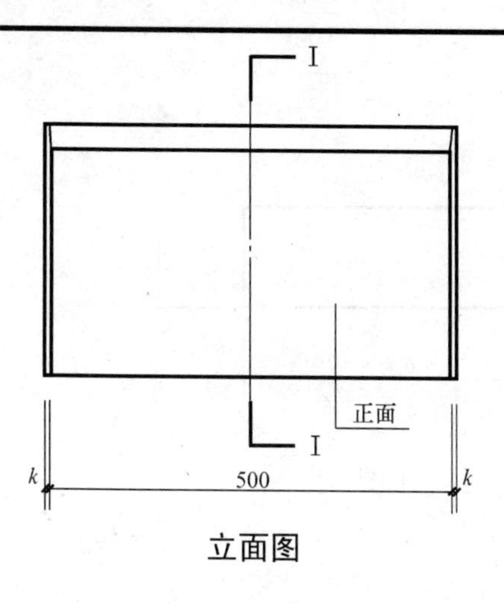

立面图

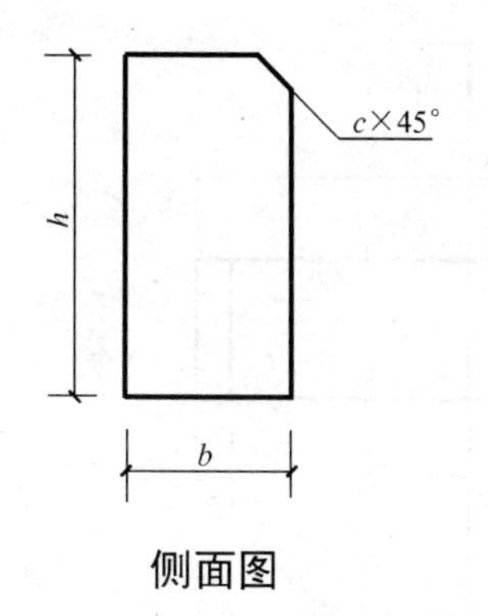

侧面图

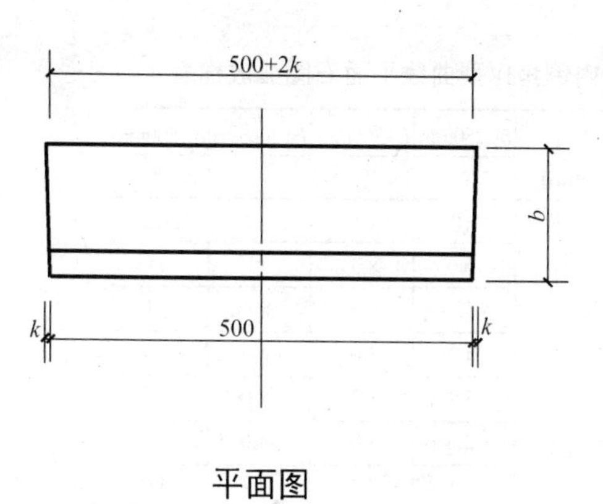

平面图

R=6.0～50.0m内倒角Ⅳ型曲线立缘石圆弧放样表

圆弧半径 (m)	弦与半径夹角(θ°)	弦长 L(mm)	b=100mm	b=120mm	b=150mm	b=180mm	b=200mm	b=220mm	b=250mm
			k						
R=6.0	87.6120	500	4.2	5.0	6.3	7.5	8.4	9.2	10
R=9.0	88.4082		2.8	3.3	4.2	5.0	5.6	6.1	6.9
R=12.0	88.8063		2.1	2.5	3.1	3.7	4.2	4.6	5.2
R=15.0	89.0450		1.6	2.0	2.5	3.0	3.3	3.6	4.1
R=20.0	89.2838		1.3	1.5	1.9	2.3	2.5	2.8	3.1
R=25.0	89.4270		1.0	1.2	1.5	1.8	2.0	2.2	2.5
R=30.0	89.5225		0.8	1.0	1.2	1.5	1.7	1.8	2.1
R=35.0	89.5907		0.7	0.9	1.1	1.3	1.4	1.6	1.8
R=40.0	89.6419		0.6	0.8	0.9	1.1	1.3	1.4	1.6
R=45.0	89.6817		0.6	0.7	0.8	1.0	1.1	1.2	1.4
R=50.0	89.7135		0.5	0.6	0.8	0.9	1.0	1.1	1.3

注：内倒角Ⅳ型曲线立缘石平面也可简化成矩形，
通过调整砌缝宽度围成圆弧。

Ⅳ型曲线立缘石（L=500）	图集号	08T-SZ-02
	图号	24

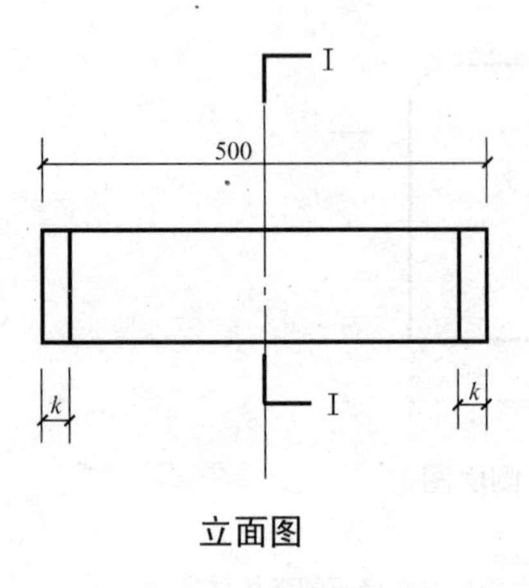

立面图

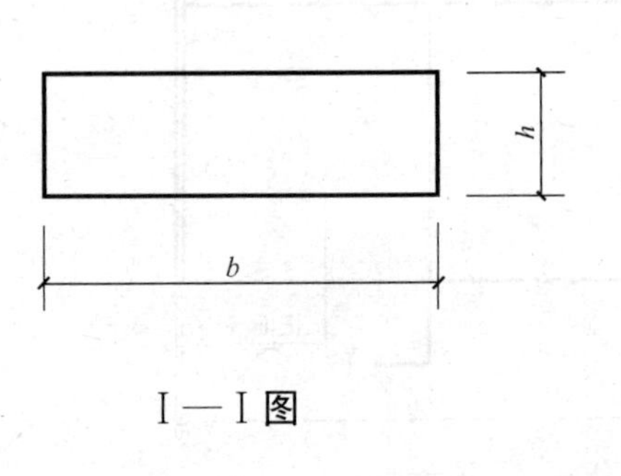

I—I 图

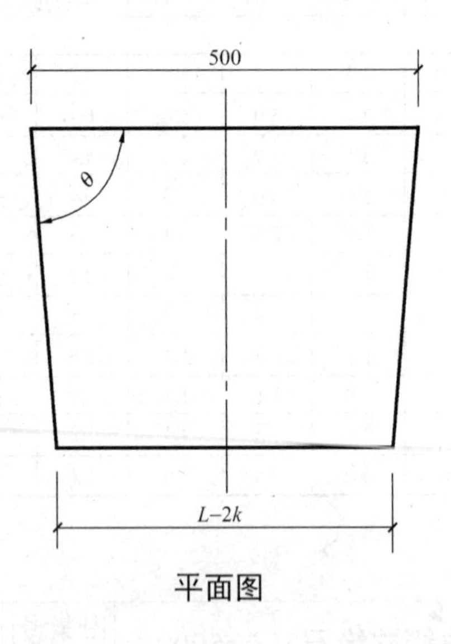

平面图

R=6.0～50.0m内倒角Ⅳ型曲线平面石圆弧放样表

圆弧半径 (m)	弦与半径夹角($\theta°$)	弦长 L(mm)	b=250mm	b=300mm	b=400mm	b=500mm
			k			
R=6.0	87.6120	500	10	13	17	21
R=9.0	88.4082		6.9	8.3	11	14
R=12.0	88.8063		5.4	6.5	8.6	11
R=15.0	89.0450		4.2	5.0	6.7	8.4
R=20.0	89.2838		3.1	3.7	5.0	6.2
R=25.0	89.4270		2.5	3.0	4.0	5.0
R=30.0	89.5225		2.1	2.5	3.3	4.2
R=35.0	89.5907		1.8	2.1	2.9	3.6
R=40.0	89.6419		1.6	1.9	2.5	3.1
R=45.0	89.6817		1.4	1.7	2.2	2.8
R=50.0	89.7135		1.3	1.5	2.0	2.5

Ⅳ型曲线平面石（L=500）	图集号	08T-SZ-02
	图号	25

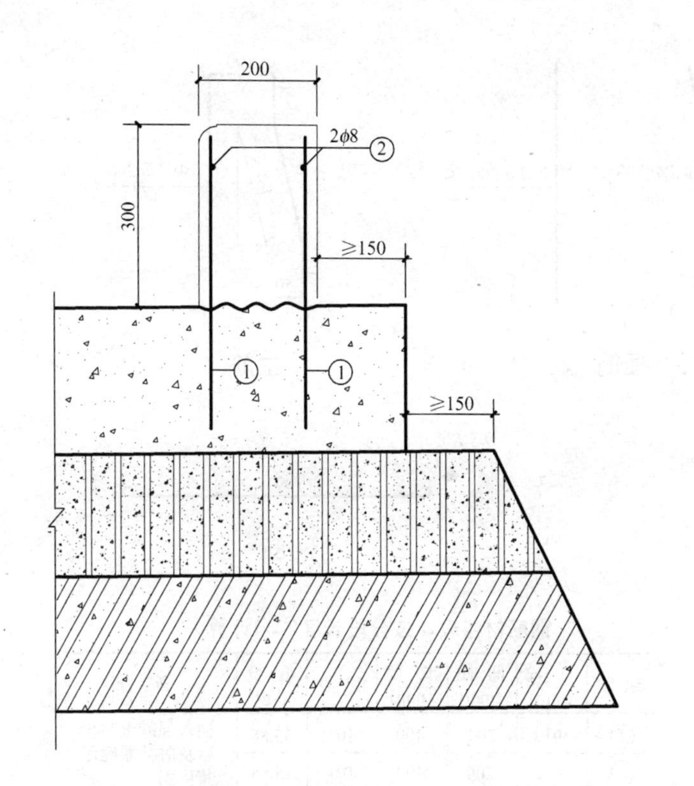

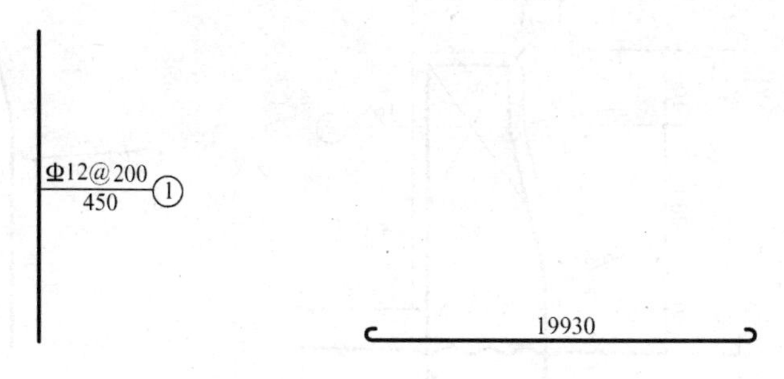

①筋

②筋

钢筋材料表（按分段长度20米计算）

编号	直径 (mm)	间·距 (mm)	长度 (mm)	根数	重量 (kg)	备注
①	Φ12	200	450	2×101	80.72	插入混凝土20cm后及时补振确保其稳固
②	φ8		20030	2	15.82	
合计					96.54	

注：用于水泥混凝土路面，先浇捣路面后现浇花坛石；当外露高度小于300mm时可取消钢筋，应优先采用滑模成型工艺施工。

现浇钢筋混凝土花坛石（一）	图集号	08T-SZ-02
	图号	26

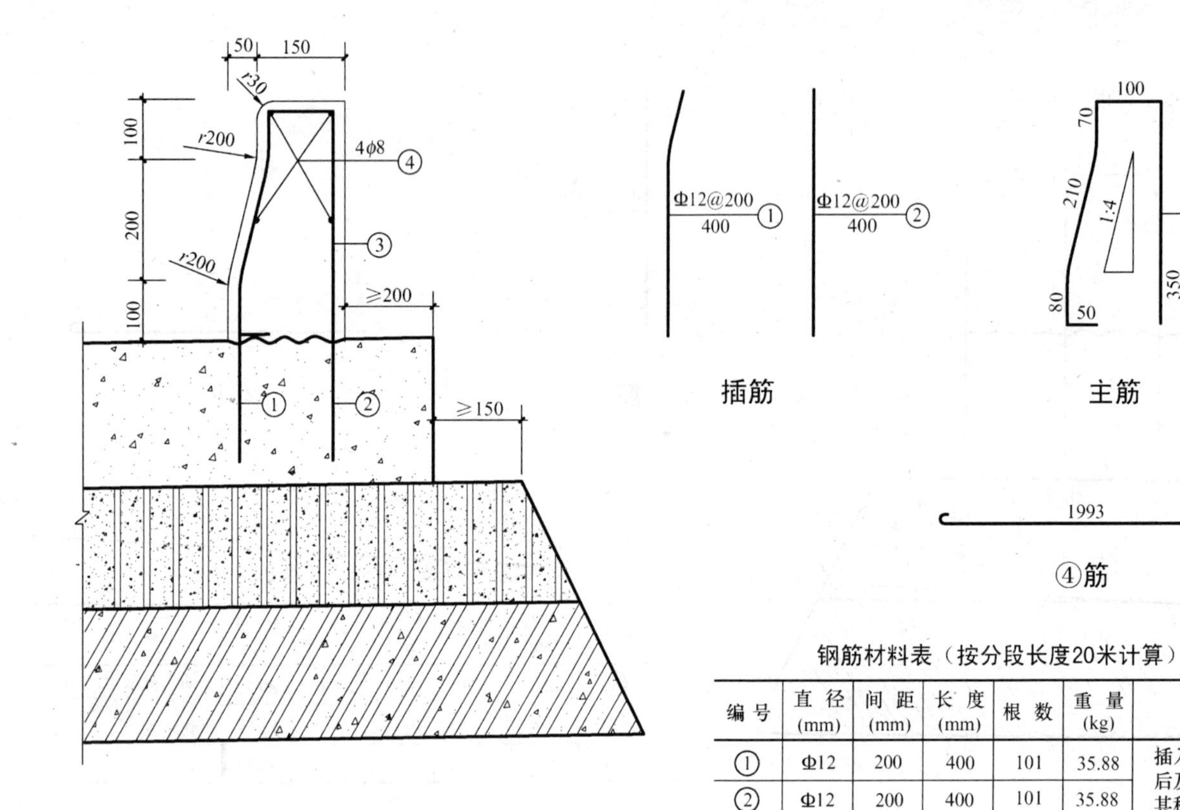

钢筋材料表（按分段长度20米计算）

编 号	直 径 (mm)	间 距 (mm)	长 度 (mm)	根 数	重 量 (kg)	备 注
①	Φ12	200	400	101	35.88	插入混凝土20cm后及时补振确保其稳固
②	Φ12	200	400	101	35.88	
③	Φ12	200	860	101	77.13	
④	φ8		20030	4	31.65	两端应设置弯勾
合 计					180.54	

注：用于水泥混凝土路面，先浇捣路面后现浇花坛石；当外露高度大于400mm时应按结构计算配置钢筋，宜采用工具式模板施工。

现浇钢筋混凝土花坛石（二）	图集号	08T-SZ-02
	图号	27

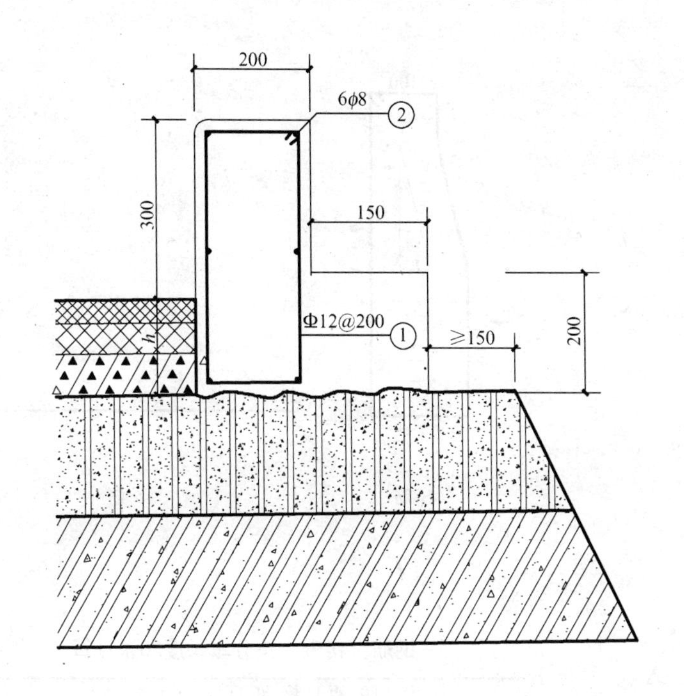

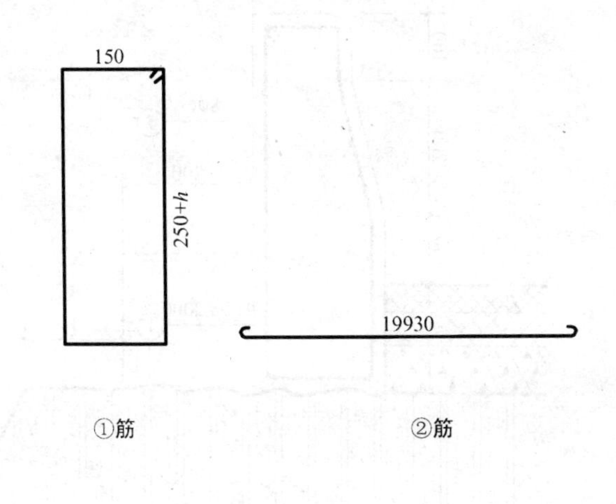

钢筋材料表（按分段长度20米计算）

编号	直径(mm)	间距(mm)	长度(mm)	根数	重量(kg)	备注
①	Φ12	200	1250	101	112.11	沥青路厚度暂按150mm计
②	ϕ8		20030	6	47.47	两端应设置弯勾
合计					159.58	

注：用于沥青混凝土路面，即先现浇花坛石后摊铺沥青混凝土；当外露高度小于300mm时可取消钢筋，应优先采用滑模成型工艺施工。

现浇钢筋混凝土花坛石（三）	图集号	08T-SZ-02
	图号	28

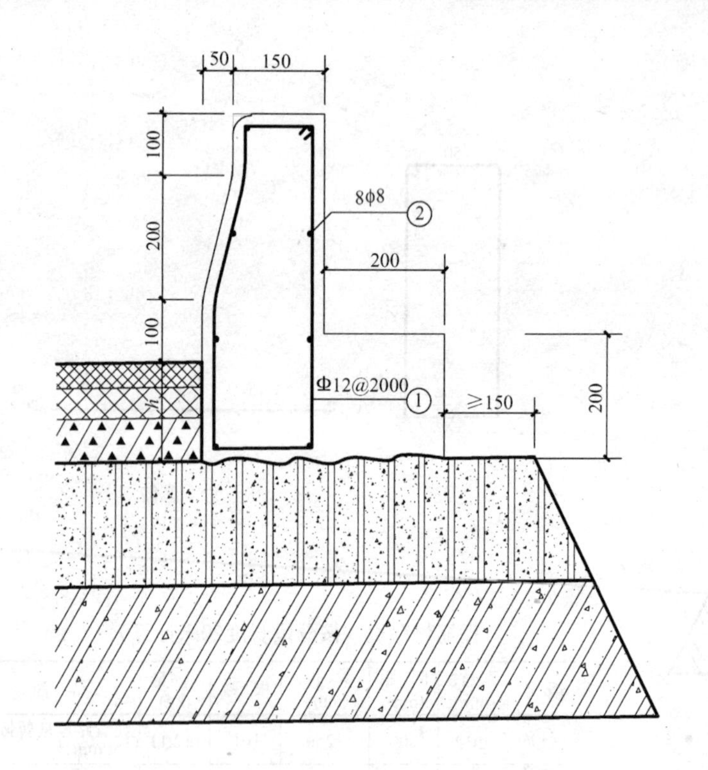

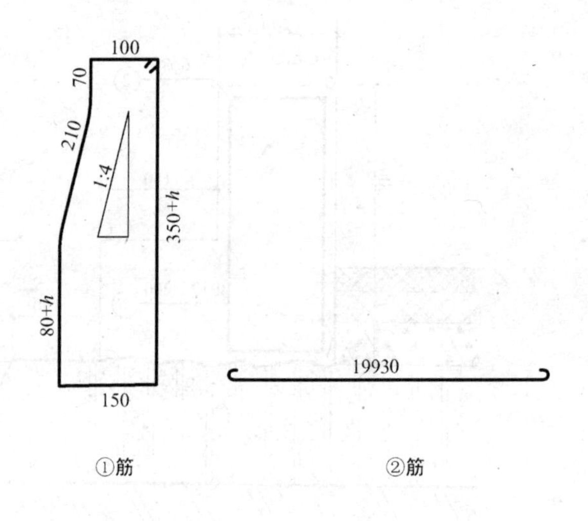

①筋　　②筋

钢筋材料表（按分段长度20米计算）

编号	直径(mm)	间距(mm)	长度(mm)	根数	重量(kg)	备注
①	Φ12	200	1410	101	126.46	沥青路厚度暂按150mm计
②	φ8		20030	8	63.29	两端应设置弯勾
合计					189.75	

注：用于沥青混凝土路面，先现浇花坛石后摊铺沥青混凝土；当外露高度大于400mm时应按结构计算配置钢筋，宜采用工具式模板施工。

现浇钢筋混凝土花坛石(四)	图集号	08T-SZ-02
	图号	29

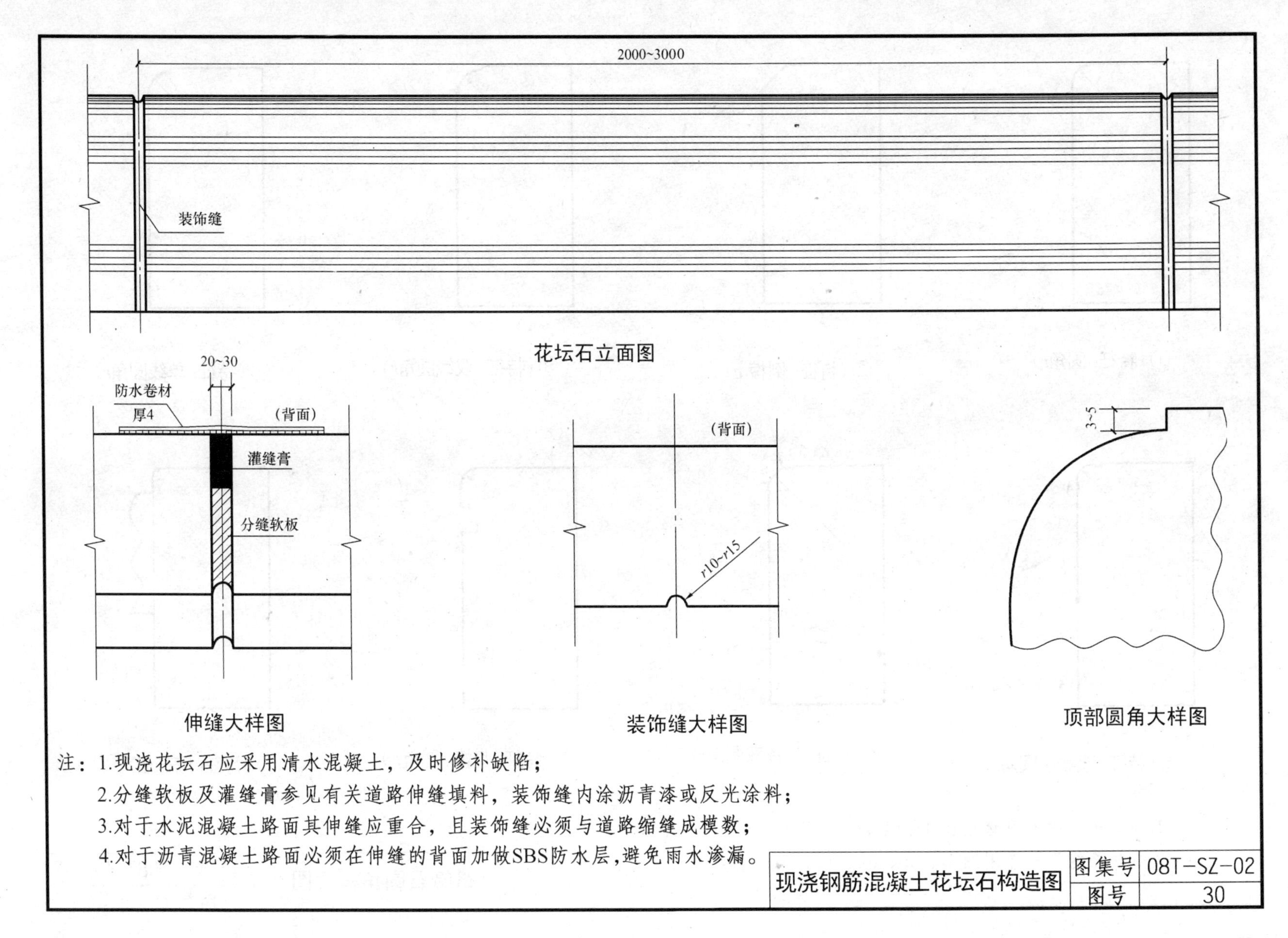

注：1.现浇花坛石应采用清水混凝土，及时修补缺陷；

2.分缝软板及灌缝膏参见有关道路伸缝填料，装饰缝内涂沥青漆或反光涂料；

3.对于水泥混凝土路面其伸缝应重合，且装饰缝必须与道路缩缝成模数；

4.对于沥青混凝土路面必须在伸缝的背面加做SBS防水层，避免雨水渗漏。

现浇钢筋混凝土花坛石构造图	图集号	08T-SZ-02
	图号	30

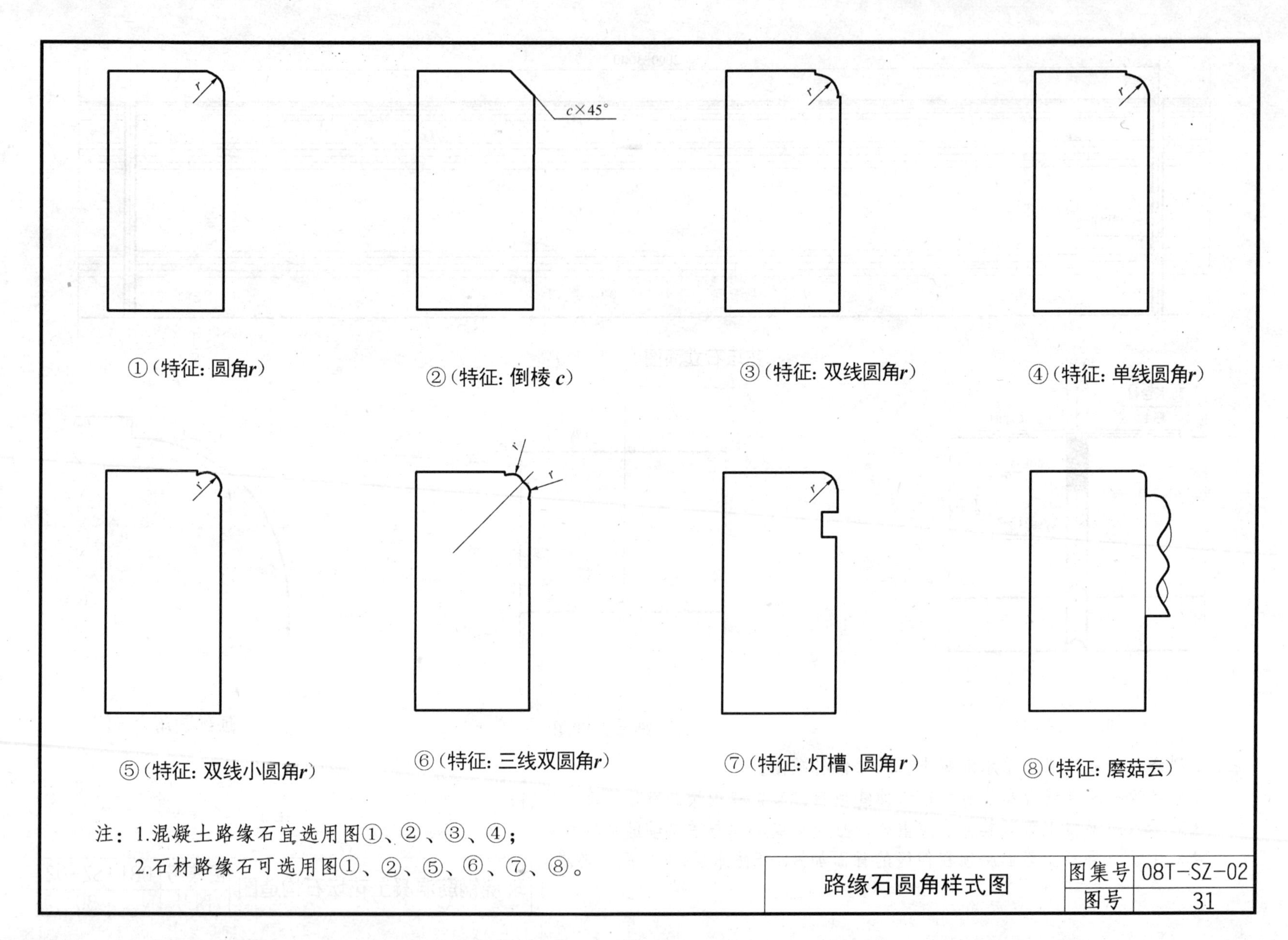

①（特征: 圆角*r*）

②（特征: 倒棱 *c*）

③（特征: 双线圆角*r*）

④（特征: 单线圆角*r*）

⑤（特征: 双线小圆角*r*）

⑥（特征: 三线双圆角*r*）

⑦（特征: 灯槽、圆角*r*）

⑧（特征: 磨菇云）

注：1.混凝土路缘石宜选用图①、②、③、④；

2.石材路缘石可选用图①、②、⑤、⑥、⑦、⑧。

路缘石圆角样式图	图集号	08T-SZ-02
	图号	31

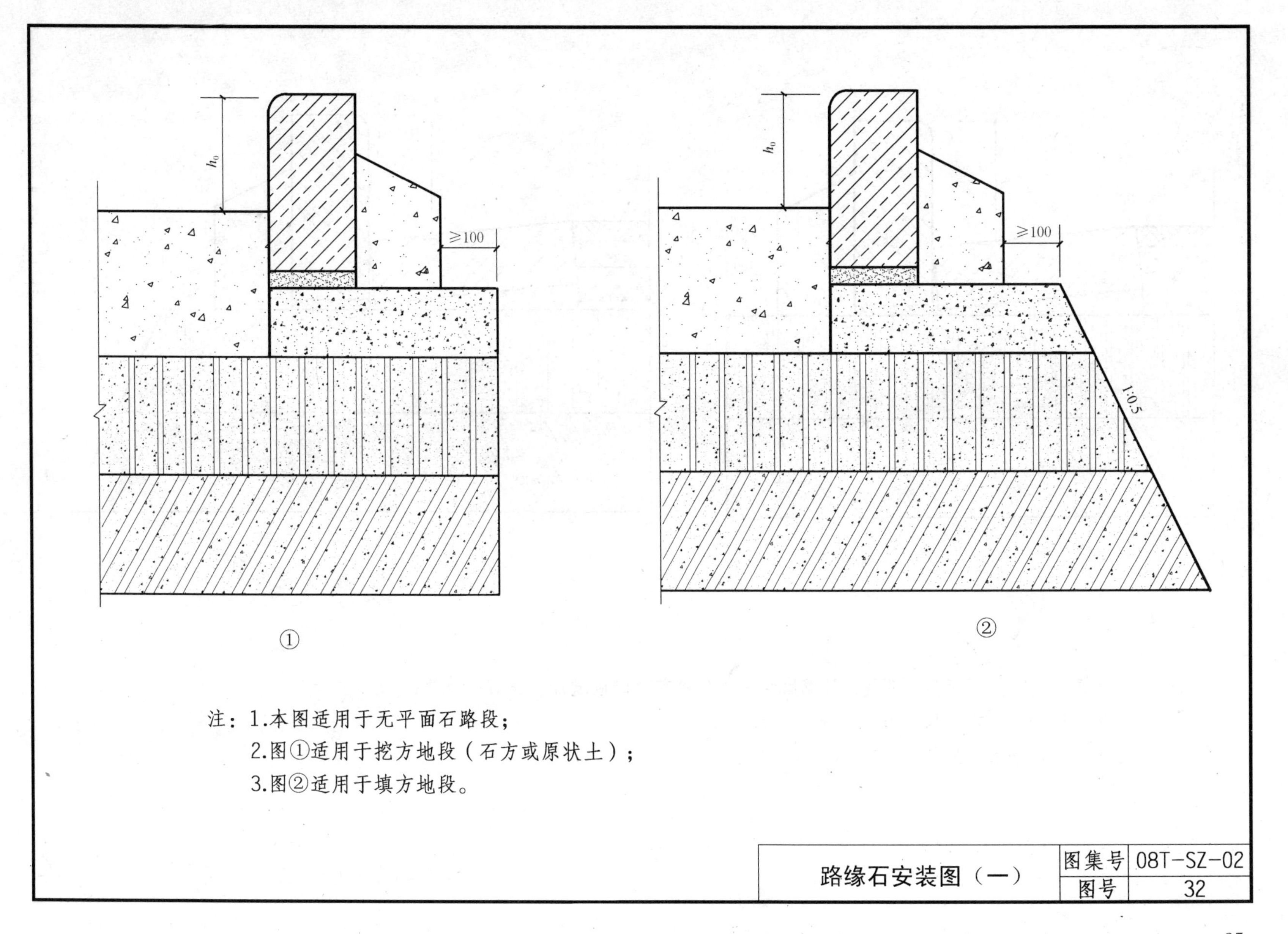

注：1.本图适用于无平面石路段；
2.图①适用于挖方地段（石方或原状土）；
3.图②适用于填方地段。

路缘石安装图（一）	图集号	08T-SZ-02
	图号	32

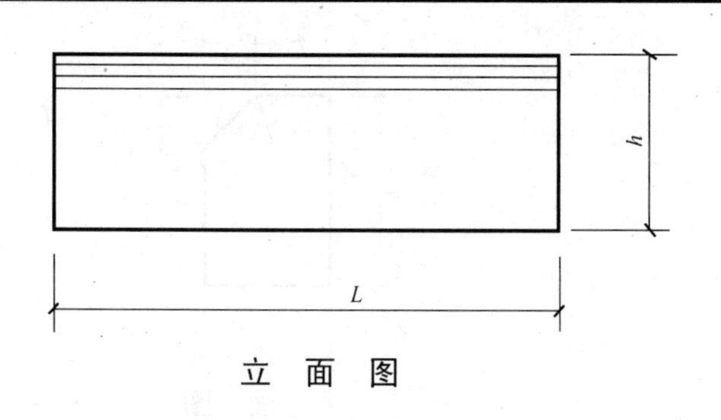

立 面 图

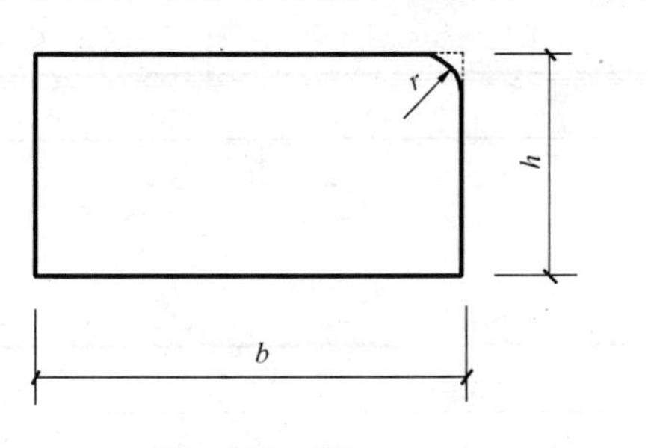

侧 面 图

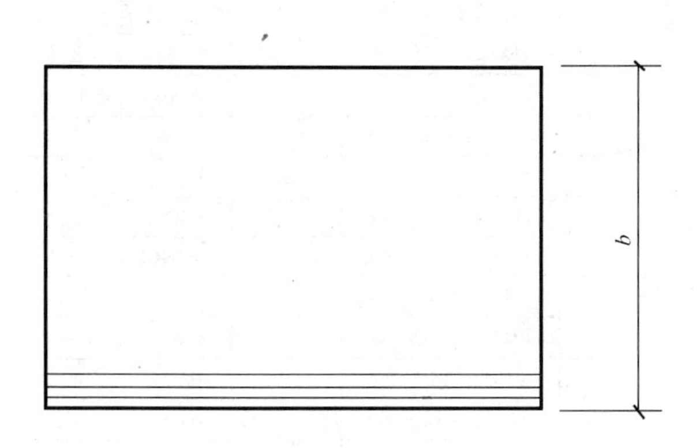

平 面 图

基本特征:平放、倒圆角。

R型路缘石参数表

编号	规格 b×h×L	截面面积 m²	重量 (kg)	备注
①	50×25×50	0.1245	149.4	r=50
②	25×25×50	0.0620	74.4	
③	45×22×50	0.0986	118.3	r=45
④	22×22×50	0.0480	57.6	
⑤	40×20×80	0.0797	153.0	r=40
⑥	20×20×80	0.0397	76.2	
⑦	35×18×90	0.0627	135.4	r=35
⑧	18×18×90	0.0321	69.3	
⑨	30×15×100	0.0448	107.5	r=30
⑩	15×15×100	0.0223	52.8	
⑪	25×12×90	0.0299	64.6	r=25
⑫	12×12×90	0.0143	30.9	
⑬	20×10×80	0.0199	38.2	r=20
⑭	10×10×80	0.0099	19.0	
⑮	15×8×60	0.0120	17.3	r=15
⑯	8×8×60	0.0064	9.2	

R型路缘石	图集号	08T-SZ-02
	图号	4

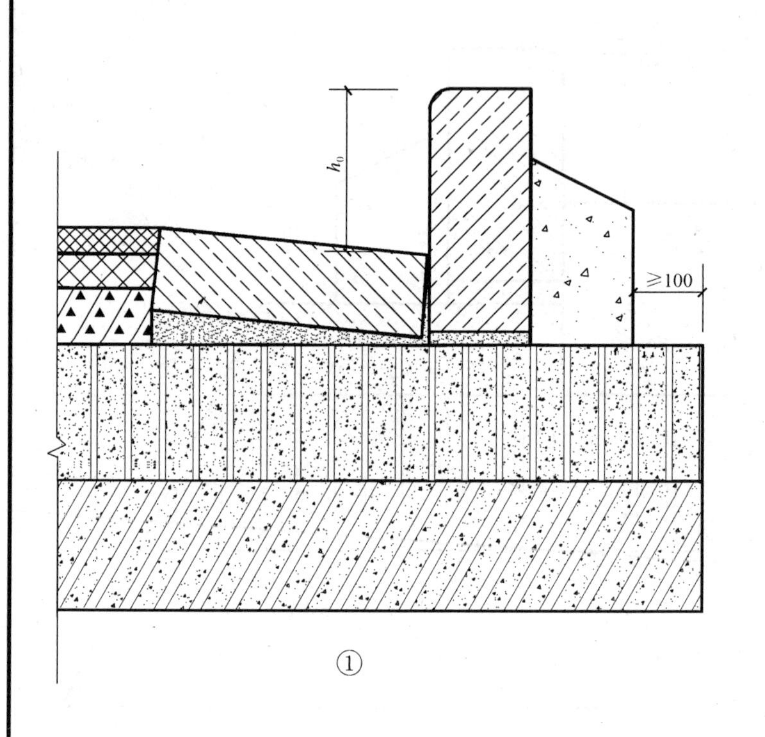

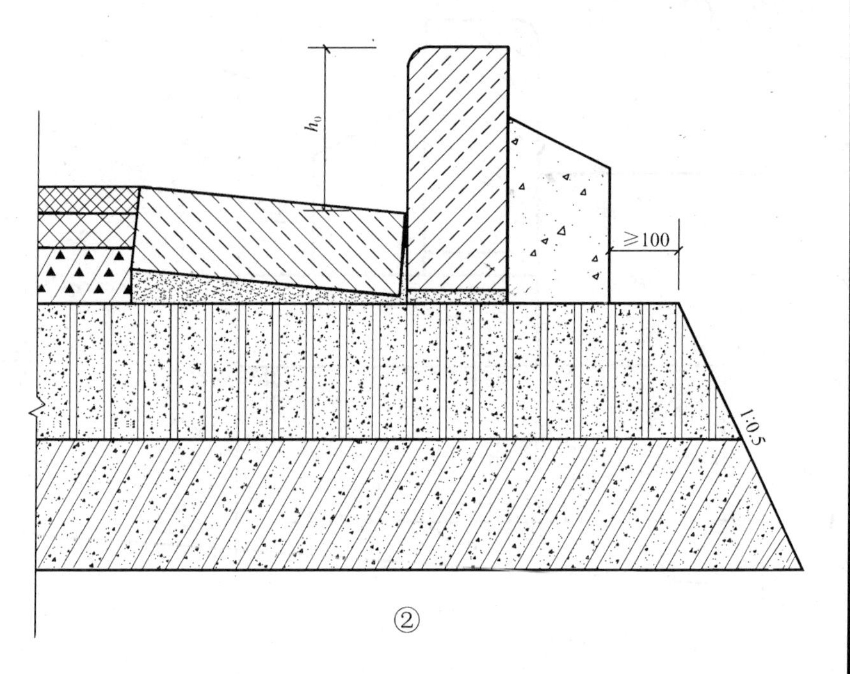

注：1.本图适用于有平面石的路段，计算路缘石的外露高度时应增加平面石横坡值；

2.图①适用于挖方地段（石方或原状土）；

3.图②适用于填方地段。

路缘石安装图（二）	图集号	08T-SZ-02
	图号	33

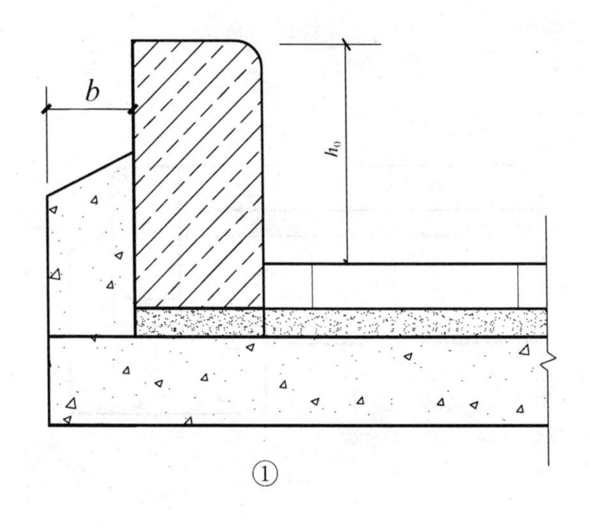

①

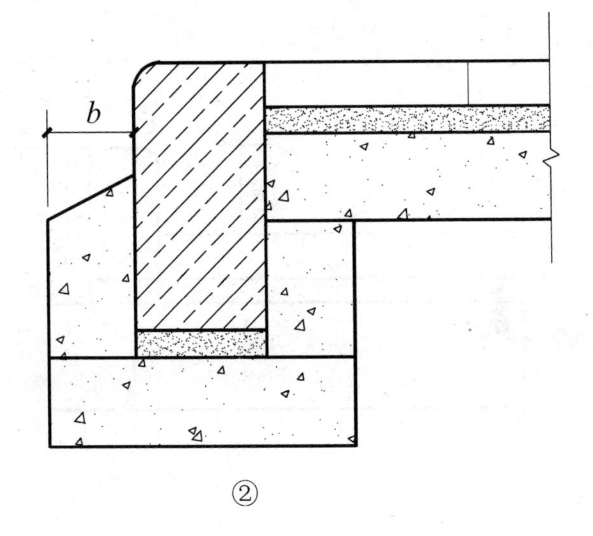

②

注：1.图①适用于花坛石高于人行道的路段；图②适用于花坛石与人行道齐平的路段；
2.位于非机动车道位置花坛石的靠背宽度b不小于100mm;
3.花坛石底部结构与非机动车道或人行道基层相同。

花坛石安装图	图集号	08T-SZ-02
	图号	34

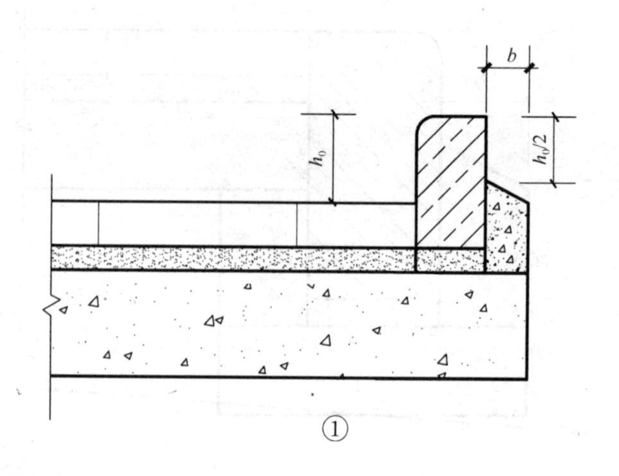

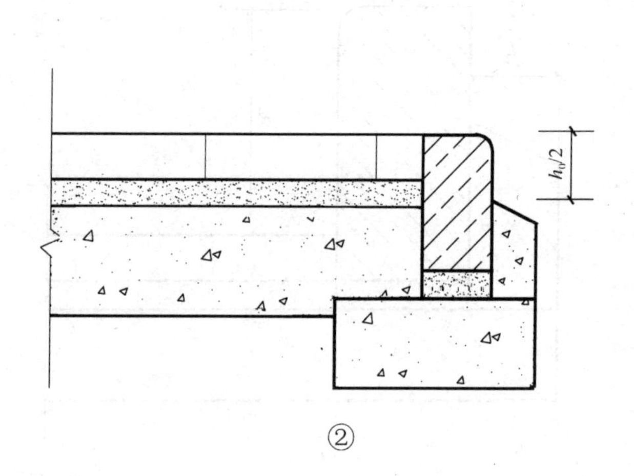

注：1.图①适用于界石高于人行道的路段，图②适用于界石与人行道齐平的路段；
2.位于人行道位置界石的靠背宽度b不小于50mm；
3.界石底部结构与人行道基层相同。

界石安装图	图集号	08T-SZ-02
	图号	35

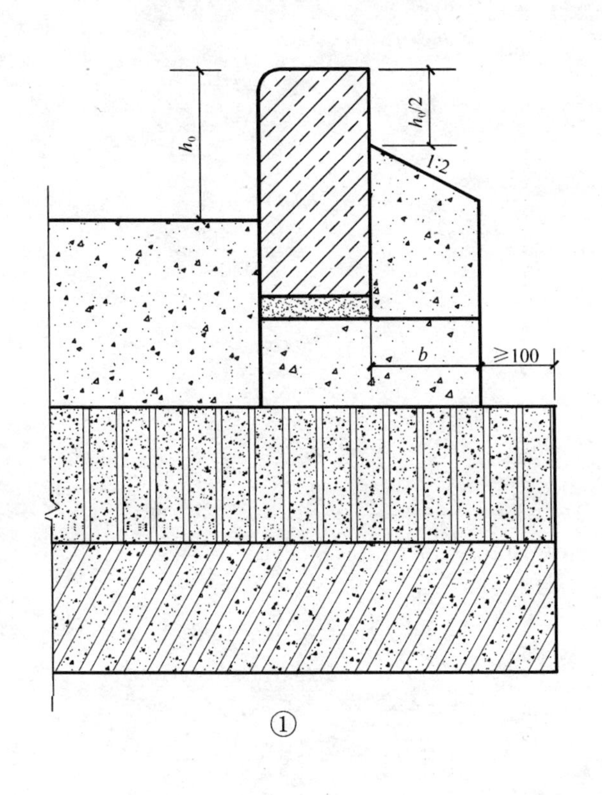

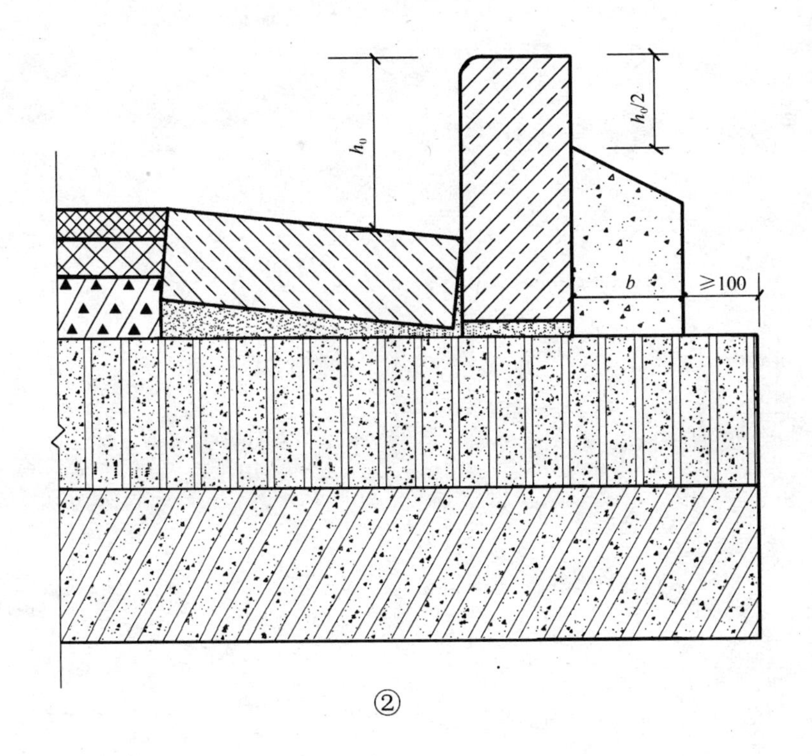

注：1.图①适用于无平面石道路，图②适用于有平面石道路；

2.位于机动车道位置路缘石的靠背宽度b不小于150mm；

3.路缘石底部用C15干硬性混凝土铺填，靠背采用C15水泥混凝土灌实。

立缘石靠背设置图	图集号	08T-SZ-02
	图号	36